크리스천 비즈니스 가이드북

믿음을 따라서
확신으로 경영하라

믿음을 따라서 확신으로 경영하라

— 크리스천 비즈니스 가이드북

2018년 3월 19일 초판 1쇄 인쇄
2018년 3월 26일 초판 1쇄 발행

지은이 | 김영식
펴낸이 | 김영호
펴낸곳 | 도서출판 동연
등 록 | 제1-1383호(1992. 6. 12)
주 소 | 서울시 마포구 월드컵로 163-3
전 화 | (02)335-2630
전 송 | (02)335-2640
이메일 | yh4321@gmail.com

ISBN 978-89-6447-402-0 03300

크리스천 비즈니스 가이드북

믿음을 따라서
확신으로 경영하라

김영식 지음

동연

"그러나 교회에서 네가 남을 가르치기 위하여 깨달은 마음으로 다섯 마디 말을 하는 것이 일만 마디 방언으로 말하는 것보다 나으니라"(고린도전서 14장 19절).

아리스토텔레스의 '인간은 사회적 동물이다'(혹은 인간은 정치적 동물이다)는 말처럼 우리 인간은 개별적인 존재이면서 동시에 두 사람 이상으로 형성되는 사회(社會)와의 관계하에서 생존하고 영향을 받으면서 성장하는 존재입니다. 그렇게 우리는 어느 집단이든 소속되어 하나의 '조직'(組織)을 이루게 됩니다.

조직을 경영하다 보면 수많은 위기(危機)의 경우와 마주치게 됩니다. 취약계층의 사람들에게 관련된 법 규정보다 좋은 처우로 일자리의 기회를 제공하였는데 가장 기본이 되는 주휴수당의 규정을 명시하지 않아서 몇 년 치의 주휴수당을 지급해야 하는 상황에 내몰리게 되거나, 오랜 기간 실업(失業)의 상태에 있는 사람에게 직무를 부여하였는데 선의(善意)적 동기는 사라지고 오히려 각종 분쟁에 휘말리게 되는 상황이 만들어지는 경우도 적지 않습니다. 자금의 운용에 있어서도 비슷한 상황에 직면하게 됩니다. 자금난에 빠져서 조직의 경영 자체를 위협받는 경우가 왕왕 있습니다. 서비스를 제공하는 조직이나 복지기관에서는 뜻하지 못한 각종 민원(民願)이 수시로 있기도 합니다.

이런 곤란한 일들은 왜 나타나는 것일까요? 미리 예측해서 위기를 피해갈 수 있는 방법이 있다면 누구를 막론하고 그 방법을 선택할 것입니다. 성경 고린도전서 14장 19절에서는 "깨달은 마음으로 다섯 마디를 말하는 것이 일만 마디 말보다 낫다"라고 합니다. 옛 격언에는 백문(百聞)이 불여일견(不如一見)이라 하는 말이 있습니다. 故정주영 현대그룹 회장님의 "해봤어?"라는 일화는 책상 앞에 앉아서 세상을 판단하려는 게으른 마음을 일거에 날려버리게 합니다.

그렇습니다. 사람은 조직을 이루고 사회생활을 하는 존재이고, 그러다 보면 조직 내의 각종 갈등과 위기가 나타나기 마련입니다. 갈등과 위기를 만들지 않거나 조정하여 조직을 안정시키고 발전시키는 것이 가능하려면 그 조직을 경영하는 구성원의 "조직 경영의 기초"가 튼실하게 구축되어 있어야 합니다. 조직 경영의 "기본"을 이해하고 "기본기"를 갖춰야 합니다. 『믿음을 따라서 확신으로 경영하라』는 이러한 조직 경영의 기본적(基本的)인 안목(眼目)을 통찰해 주기 위한 것입니다. 조직 경영이라는 것은 크리스찬이든 비(非)크리스찬이든 조직을 경영하려는 사람은 누구든지 '기본'(基本)을 이해하고 있어야 하는 것입니다.

개인기업과 중소기업, 대기업 그리고 다국적기업을 통틀어서 기본적으로 조직 경영의 기본 점검 포인트(point)를 예시로 들었습니다. 처음 부분에서는 사업을 계획하는데 필요 요건을 소개하기 위해서 사업계획서의 작성 사례를 소개했으며, 굿윌스토어를 소개하여 크리스찬이 마땅히 해야 할 바인 "구제"(救濟)와 "복음적 복지 사역"의 예시를 소개하였습니다. 4부에서는 이시대의 아픔인 발달장애인들의 새로운 삶의 방향을 모색하기 위한 '노래하는 일자리' JL희망합창단을 소개했습니다. 이어서 다국적기업들이 기업 경영에서 일상적으로 반드시 점검하고 관리하는 관리포인트(point)를 5부에서 소개하였으며, 6부에서는 비(非)크리스찬 경영가와 크리스찬 경영가의 분명한 구별점이 무엇인지를 다루었습니다.

깨달은 다섯 마디의 말이 일만 마디 신령한 말을 하는 것보다 낫다는 고린도전서 14장 19절의 말씀은 이 시대를 크리스찬으로서 경영을 하고자 하는 이들에게 경영의 기본이 얼마나 중요한지를 시사(示唆)하고 있습니다. 이것에 보태어 크리스찬의 정체성으로 경영을 하고자 하는 사람이라면 "의인은 믿음으로 말미

암아 살리라"(하박국 2:4; 로마서 1:17; 히브리서 10:38; 갈라디아서 3:11)라는 말씀을 확신하여야 할 것입니다.

크리스찬 경영가로서 관리의 상식(常識)을 숙지하고 이해하는 기본 소양을 갖추어 경영의 사안(事案)을 바라보는 통찰을 높이고 믿음과 확신을 갖추어 조직을 경영할 수 있게 되기를 소망합니다.

지은이 **김영식**

CONTENTS　　　　　　　목차

I SOCIAL WELFARE BUSINESS IN CHURCH KOREA

한국교회의
사회구제사업

I

한국교회의
사회구제사업

한국의 기독교 역사 속에서 교회 사회복지 실천과 관련된 활동을 찾아보는 것은 어렵지 않다. 기독교의 사상과 그 실천 행위가 사회복지와 밀접하게 연결되어 있기 때문이다. 복음은 이 땅의 모든 사람을 찾아갔고, 붙들고 울 기둥이 되었고, 구원의 길로 인도했다. 우리나라 선교 초기부터 교회는 사회의 개화와 근대화에 중심적인 역할을 담당했을 뿐만 아니라 학교와 병원을 비롯한 사회복지 시설을 통해 사회복지를 비롯한 다양한 영역에서 지대한 공헌을 하였다. 일반적으로 사회복지를 향한 인류의 노력은 나라마다 유사하면서도 독특한 특성이 있다(교회와 사회복지, 조학래).

우리나라 교회 사회복지 실천의 역사는 개화기, 일제강점기, 외원의존기, 경제성장기, 경제안정기로 구분할 수 있다. 개화기

(1910년대 이전)의 교회 사회복지 실천은 1910년 이전의 시대로, 본격적으로 복음이 전파된 우리 사회에는 전제 봉건적 사회체제와 질서의 붕괴 과정이 급속히 진행되고, 근대적 시민사회 질서와 체제가 형성되던 시기이다. 미국 북장로회가 1884년 파송한 최초의 개신교 주재 선교사 앨런(H. N. Allen)을 비롯한 초기 선교사들이 활약하였으며, 개화기에 한국 사회의 개화와 근대화에 지대한 공헌을 하였다. 기독교 선교 역사는 직접적인 종교 행위 이전에 병원, 학교, 사회봉사를 통한 간접적인 방법으로 민중의 현실적인 삶의 문제를 해결해 주었다. 광혜원은 초기 선교사들의 선교 계획의 기틀을 마련해 주었고, 서양 의술을 통해서 초기 복음을 전하는데 긍정적인 이미지를 만들었다. 여성에 대한 차별적 관습으로 부녀자와 아동을 위한 의료사업은 부진했으나 1887년 10월 여의사 하워드(M. Haward)는 이화학당 구내에 최초의 여성 전문병원 '보구여관'(保救女館)을 개설했다. 의료선교는 민중의 건강 증진과 소외당한 서민층에게 복음을 전파하기 위한 통로와 빈민구제 등의 사회복지사업의 기본 임무를 충실히 수행하는 복합적인 사회선교기관의 역할을 감당한다. 일제강점기(1910년대~1945년)의 교회 사회복지 실천은 개화기 시대보다도 후퇴된 사회복지였으며 극심한 빈곤의 시기였다. 일제의 문화통치 시대가 시작되면서 퇴폐적이고 부정적인 문화가 만연해졌다. 개화기 기독교 선교사들이 세워놓은 사회복지 기반 시설

을 이용하기만 했을 뿐 일본인들이 복지와 생산설비 등에 기여한 것은 없다. 그럼에도 불구하고 특이할만한 역사적 기독교사적인 사실은 우리나라 최초의 사회복지관 '태화여자관'이 1921년 서울 종로에 세워졌다는 것이다. 이것은 현존하는 우리나라 사회복지관 중에서 가장 오랜 역사를 지닌 태화기독교사회복지관의 전신이다. 태화여자관은 1919년 3월 1일 민족대표 33인의 독립선언서가 낭독된 역사적인 장소이기도 하다.

외원의존기(1946년~1950년대)의 교회 사회복지 실천은 국가 중심이 아닌 시설을 중심으로 사회복지가 실현되었다. 해방과 함께 미군정 기간의 공적 조직으로 보건위생부(1955년 이후 보건사회부로 개칭)가 있었지만, 국가의 복지 역량은 기준 이하로 매우 낮은 수준이었다(교회와 사회복지, 조학래).

미군정 당국은 한국사정에 정통하고 한국어에 능통한 미국인 선교사들의 복귀를 서둘러 진행시켰다. 1946년 이후에는 이전의 선교부들이 복원됨에 따라(강인철, 1996: 168~172) 교회 사회복지 실천도 빠른 속도로 활성화되었다. 특히 한국에 진출한 민간외원 기관들은 한국 정부와 국제 연합 혹은 미국 정부기관 등과의 관계에 부딪히는 문제들에 공동으로 대처하기 위해 1952년 5월 부산에서 7개의 외원기관 대표들이 "외국민간원조기관한국

연합회(Korea Association of Voluntary Agencies, KAVA)"를 결성했다. 당시 KAVA는 147개의 외원기관이 연합하였으며, 기독교가 73개(49.7%), 카톨릭이 40개(27.2%), 무종교 혹은 미상이 33개(22.4%), 불교 1개(0/7%)로 기독교가 전체의 절반가량 차지했다(최원규, 1995).

경제성장기(1960년대~1990년대)의 교회 사회복지 실천은 공공 영역에서의 활동이 강화되고 민간 활동이 축소되었다. 교회의 사회복지 활동은 축소되었던 반면, 상대적으로 정부의 사회복지는 1961년 군사정부라는 정치적인 정당성을 확보하기 위한 정책수단으로 여러 가지 사회복지정책을 도입했다. 이때 도입된 생활보호법은 우리나라 구빈행정사상 최초로 단순구호 차원을 벗어나 진정한 사회복지의 개념에 입각한 근대적 의미의 공공부조제도로서의 성격을 갖춘 것이다. 전통적으로 한국교회는 생활시설 중심의 교회 사회복지 실천에 집중하였고, 해방과 한국전쟁 과정에서 이런 생활시설 편중성은 더욱 심화되었다. 그러나 1960년대 중반을 분기점으로 외원 단체의 지원이 줄어들고 1970년대를 전후하여 쇠퇴하기 시작하면서 상당수 시설 중심의 한국교회 교회 사회복지 실천은 급격하게 위축된다. 그러나 1960년대부터 1980년대에 이르는 기간의 대형 부흥운동과 전도운동을 통한 양적인 교세의 증가와 함께 소수 양심적 기독교인들의 사회참여운동이 동시에 나타난다. 그럼에도 급속한 교회의 성장에 따른 교회 자체의 유지와 확장에 주로 관심이 집중되었기에 교회 사회복지 실천에 대한 교회의 관심은 점점 소원해졌다.

경제안정기(2000년 이후~현재)의 교회 사회복지 실천은 만성적인 고(高)실업 상황을 해결하기 위해서 임시적인 대책으로는 대처하기 어렵다는 인식과 더불어 사회안전망에 대한 근본적인 개편의 필요성이 제기된다. 그 결과 1999년 국민기초생활보장법이 제정되고, 전 국민 연금시대가 시작되며, 2000년 7월부터 국민건강보험법이 시행되었다. 2000년 11월부터 최저임금제도가 모든 사업장에 적용되었으며, 산재보험도 모든 사업장에 적용된다. 고용보험도 1998년 10월부터 4인 이하의 사업장과 임시직과 시간제 근로자에게까지 확대되어 적용된다. 이러한 시대적 흐름과 함께 2000년대 들어서 한국교회도 대형 교회를 중심으로 체계적이고 전문적인 교회 사회복지 실천이 이루어지고 있다. 전문적인 교회 사회복지 활동의 실시에 대한 욕구의 증가로 한국교회 내 사회복지사들의 자질 향상을 위한 연구와 훈련기관이 설립된다. 특히 한국교회의 사회복지 이론과 실천의 학문적 토대형성을 위해서 교회사회사업학회(2002년)가 출범하고, 한국기독교사회복지협의회(2002년)도 결성 되었으며, 기독교윤리실천운동 사회복지위원회(2000년)가 창립되어 교회 사회복지 활동의 참여를 촉진하는 등 다양한 활동을 전개하고 있다. 한국교회는 과거 정부가 수행하지 못했던 다양한 영역에서 복지사업을 전개하였기 때문에 대(對)사회적 신뢰가 높았으나 오늘날 한국교회는 주님의 교회가 아닌 목사의 교회라는 인식이 높은 상황에 직면해 있다. 다시 한번 나눔과 섬김의 교회 사회복지 실천을 목회적이고 선교적인 차원에서 아무런 조건 없이 헌신적으로 수행하려는 노력이 요구된다(이준우, 2014).

그렇다면 교회 사회복지 실천이란 무엇을 말하는가? 박종삼(2002)은 교회 사회복지 실천의 개념을 다음과 같이 정립한다. "교회 사회복지 실천이란 기독교 신앙의 핵심인 사랑실천 의지와 성경의 가르침과 하나님을 믿어 구원을 얻게 해야 한다는 전도의지, 이 두 가지 요인이 동기가 되어 교회가 사회복지의 주체(기관)가 되어 사회복지 자원 동원에 일차적 책임을 지며, 전문교회사회복지사와 교회의 자원봉사 인력을 활용하여 공식적인 종교 사회복지법인 시설(기관), 교회시설, 지역사회 내의 다양한 복지시설 등을 활용하여 교인과 지역주민의 복지 욕구 충족과 복지증진을 위해 사회적 문제 해결을 사회복지의 객체(대상)로 삼아 시행되는 일련의 복지활동이다"라고 포괄적인 정의를 내리고 있다. 이러한 교회 사회복지 실천의 특성은 첫째, 주체가 교회라는 것이다. 교회는 전문 사회복지기관이 아니라 종교적 봉사 이념에 따라 자발적으로 교회 사회복지 실천을 부수적으로 수행하는 기관이다. 교회는 전문 사회복지기관이 아니므로 전문적인 사회복지 기능을 책임질 수는 없으나 그 구성원 자체가 자원봉사의 기본 성품이 갖춰진 사람들의 집합체이다. 때문에 교회 사회복지 실천은 사회복지재단을 설립하여 전문 사회복지 서비스를 제공하거나 교회를 거점으로 사회복지 서비스를 제공하거나 혹은 교회 밖에서 지역사회의 복지시설이나 요보호가정을 통하여 봉사를 제공하는 형태로 나타난다. 교회 사회복지 실천의 두 번째 특징은 교회 사회복지 실천의 대상체계, 즉 객체는 교인들과 지역사회의 요보호대상자 혹은 이들을 돕는 기관과 교육·의료·복지시설의 클라이언트를 대상으로 이루어진다. 교회사회복지사의 역할과 기능은 서비스 대상자나 해결해야 할 지역사회 문제를 설정하는데 절대적인 영향을 미친다.

이러한 교회사회복지의 실천에 따르는 결과적인 효과는 무엇인가? 첫째, 사회적으로 열악한 상황에 있는 사람들이 겪는 고통을 완화해주는 완화적 기능(alleviative function)이 있다. 소녀소년가정과의 결연사업, 청소년 장학사업, 경로잔치, 재가노인봉사, 노인무료급식사업, 장애인보장구지급사업 등이 완화적 기능을 갖게 한다. 둘째, 치유적인 기능(curative function)이 있다. 개인의 능력 향상, 빈곤의 원인 제거 등을 말한다. 빈곤의 원인이 되는 각 개인의 능력 부족을 보충하거나 빈곤에 이르게 하는 주변 환경을 개선함으로써 스스로 자립할 수 있는 능력을 향상하거나 빈곤의 악순환을 단절시킬 수 있다. 영 · 유아보육사업이나 공부방이나 독서실사업, 혹은 개인의 능력을 향상하기 위한 사업으로 무료진료, 직업훈련, 취업알선, 재활사업, 공동작업장 등이 있다. 셋째로 예방적 기능(preventive function)이 있다. 앞으로 닥칠 사고나 고통 등을 예측하여 미리 예방하는 것을 말한다. 교회는 사람들이 노령, 질병, 장애, 이혼, 실업 등의 문제를 예방할 수 있는 활동을 수행할 수 있다. 즉, 신용협동조합을 통한 저축사업, 가족 상담사업이나 청소년 상담사업 등을 통해서 빈곤이나 가족해체 또는 비행을 예방할 수 있다. 넷째, 사회복지서비스 변화의 방향을 갖고 있다. 보호 차원의 서비스는 사회적 도움 없이는 생존에 위협을 받는 사람들이 사회에 존재하며 그들을 위해서 사회복지서비스가 필요하다는 것을 전제로 한다. 그리고 변화 차원의 서비스는 도움이 필요한 사람 중에는 그들이 지닌 어려움을 해결하거나 그들의 태도나 성품을 고치거나 혹은 그들의 능력을 더욱더 강화하는 것이 필요한 사람들이 있다는 것을 전제로 한다. 더불어서 예방 차원의 서비스는 불우한 환경에 처한 사람들이 사회의 도움이 필요한 위기의 상태에 이르는 것을 예방하고 건전한 시민으로 성장하도록 촉진하는 데 목적을 두고 실시하는 사회복지서비스를 뜻하며, 생활의 질 향상 차원의 서비스는 사람들이 사는 보람을 느끼게 하는 서비스와 프로그램을 마련하여 제공함으로써 생활의 질을 높이는 데 목적이 있다.

그러므로 교회 사회복지 실천의 원칙은 사회 현실에 민감하게 대처함으로써 교회의 사회적 책임에 대한 실천적 모델이 되어야 한다. 사회적인 문제들을 해결하고 사회복지 대상자와 지역주민에게 더욱 양질의 서비스를 제공하기 위해서 그리고 건강한 사회 구조와 제도를 만들려는 방향이어야 한다. 그러므로 교회 사회복지 실천은 첫째, 예수 그리스도와 같이 자기 비움의 신앙에 기반을 두는 자기 비움의 원칙(kenosis)을 가져야 한다. 둘째, 상대를 온전히 주체로 일으켜 세우는 종(diakonos)의 원칙을 지향해야 하며, 셋째는 쌍방이 서로 주고받는 관계를 통하여 서로를 일으켜 세우는 상호성의 원칙을 준수하여야 한다. 넷째, 물질적인 것과 정신적인 것은 분리될 수 없으며 마음과 정성과 모든 것을 다하여 이웃을 사랑하는 통전의 원칙이다. 교회 사회복지 실천을 교회 성장의 수단으로 이용할 것이 아니라 섬기고 나누는 자로서 서비스 대상자 위에 군림하기보다는 서비스 대상자와 진정한 사랑과 상호관계를 형성하여야 한다. 그리고 물질적 차원과 정신적 차원의 서비스를 동시에 제공하여야 한다는 원칙을 말한다. 그러므로 교회 사회복지 실천은 자기 비움, 종, 상호성, 통전의 원칙을 기반으로 지역주민 전체를 대상으로 우선순위에 따라 실행되어야 하는 것이다.

이렇게 살펴 보건데 교회가 교회 사회복지 실천을 적극적으로 실천하고자 한다면 몇몇 사항을 고려할 필요성이 있다.

첫째, 목회자와 교인들이 지역사회와 주민을 향한 교회의 봉사적 사명의 중요성을 인식하여 성숙한 교회로 거듭날 것이 요구된다. 따라서 교회는 지역주민들의 영적인 책임뿐만 아니라 전인적인 구원에 대한 책임을 져야 한다.

둘째, 모든 사람은 하나님의 형상대로 지으심을 받은 존엄성을 가진 존재라는 사실(창 1:27~31, 하나님이 자기 형상 곧 하나님의 형상대로 사람을 창조하시되 남자와 여자를 창조하시고)과 주님의 부름에는 차별과 구별이 없음(갈 3:28, 너희는 유대인이나 헬라인이나 종이나 자유인이나 남자나 여자나 다 그리스도 예수 안에서 하나이니라)을 목회자와 교인들이 인식해야 한다. 모든 사람은 하나님의 피조물로서 하나님의 형상대로 지음을 받고 하나님의 영광을 나타내기 위함이라고 한다면, 교회는 모든 사람을 영적회복의 대상, 즉 구원의 대상으로 확인하여야 할 것이다.

셋째, 교회 사회복지 실천을 실천하기 위해서는 서비스 대상자의 복지욕구를 철저하게 파악하는 것을 가장 먼저 수행해야할 것이다. 교회구성원이 어떤 교회 사회복지 실천을 하기를 원하는지 그리고 지역사회나 정부는 교회가 어떤 교회 사회복지 실천을 해주기를 원하는지에 대한 객관적인 조사가 가장 먼저 선행되어야 한다.

넷째는 교회 내 혹은 교회간의 다양한 자원 체계를 철저하게 평가한 후 교회 사회복지 실천을 수행할 전담조직이나 기구를 구성하여야 한다. 인적자원, 시설자원, 재정자원, 물질자원, 조직자원을 구성하여 교회 내에서 교회 사회복지 실천을 기획하고 자원을 점검(또는 개발)하여 동원할 수 있는 전문지식과 확고한 의지를 가진 교회사회복지 지도자를 우선 확보해야 한다. 다음으로 교회 사회복지 실천이 지역사회에서 그 선교적 효율성을 극대화하기 위해서 교회 사회복지 실천의 범위와 목적을 분명히 설정한 후 수행 가능한 교회 사회복지 실천을 결정하여야 하며, 실천할 구체적인 장소와 유형을 설정하여야 한다. 교회 사회복지 실천에 대한 교육과 훈련의 필요성은 아무리 강조해도 지나치지 않을 것이며, 교회 건물의 개방을 통해서 지역사회와 교회 간 또는 지역 사회복지기관과 교회와의 연합 사업을 전개하는 것도 바람직할 것이다. 영적인 조직인 동시에 헌신적 인적자원이 모인 곳이 교회라고도 할 수 있으므로 지역사회의 문제 해결에 이바지하고 교회의 이미지를 긍정적으로 형성시킴으로써 복음 전파에 좋은 결과를 얻을 수 있는 교회 사회복지 실천 사업을 충분히 고려하면 좋을 것이다(교회와 사회복지, 조학래).

그러므로 교회의 사회복지사역의 실천은 성경의 말하는 바를 실천하기 위한 것이다. 예수님의 명령은 모든 사람에게 복음을 전하는 것이며(마 28:18~20, '모든 민족을 제자로 삼으라'), 하나님나라는 모든 사람을 차별하지 않는 것이다(갈 3:28, '너희는 유대인이나 헬라인이나 종이나 자유인이나 남자나 여자나 다 그리스도 예수 안에서 하나이니라'). 교회사회복지사역의 대상자들은 교회의 하나 됨을 위하여 필요한 존재이며(요 17:20~37, '~아버지께서 내 안에, 내가 아버지 안에 있는 것같이 그들도 다 하나가 되어 우리 안에 있게 하사~'), 교회의 성도된 모든 크리스천들이 하나님이 하시는 일을 나타내기 위하여 마땅히 하여야할 일이다(요 9:1~4, '~랍비여 이 사람이 맹인으로 난 것이 누구의 죄로 인함이니이까 자기이니이까 그의 부모니이까 예수께서 대답하시되 이 사람이나 그 부모의 죄로 인한 것이 아니라 그에게서 하나님이 하시는 일을 나타내고자 하심이라~'). 우리가 마땅히 도와야할 이웃이며(눅 10:25~37, '~이르되 네 마음을 다하며 목숨을 다하며 힘을 다하며 뜻을 다하여 주 너의 하나님을 사랑하고 또한 네 이웃을 네 자신 같이 사랑하라~'), 지혜 있는 자나 강한 자나 하나님 앞에서 자랑하지 못하게 하실 도구이며(고전 1:27~29, '그러나 하나님께서 세상의 미련한 것들을 택하사 지혜 있는 자들을 부끄럽게 하려 하시고 세상의 약한 것들을 택하사 강한 것들을 부끄럽게 하려 하시며 하나님께서 세상의 천한 것들과 멸시 받는 것들과 없는 것들을 택하사 있는 것들을 폐하려 하시나니 이는 아무 육체도 하나님 앞에서 자랑하지 못하게 하려 하심이라'), 하나님의 영광을 드러낼 방법이자 복음 증거의 도구가 되는 것이다(요 9:3~5, 행 3:1~10, 눅 18:43, 눅 13:13, 고후 12:9). "내게 이

르시기를 내 은혜가 네게 족하도다 이는 내 능력이 약한데서 온
전하여짐이라 하신지라 이러므로 도리어 크게 기뻐함으로 나의
여러 약한 것들에 대하여 자랑하리니 이는 그리스도의 능력으로
내게 머물게 하려함이라"(고후 12:9).

침례신학대학교 사회복지학과 조학래 교수는 교회의 사회복지
사역의 필요성과 정당성에 관하여 "교회사회복지사역의 대상자
는 교회공동체에서 필요한 존재이며, 한 인간으로서 그리고 하
나님의 백성과 자녀로서, 그리스도의 한 몸을 이루는 지체로써
복음의 도구요 통로요 매개체로서, 하나님의 일꾼으로서 중요한
역할을 감당하고 있다"라고 한다. 따라서 교회는 목회의 대상으
로 그리고 선교와 교육의 대상으로 생각하여 이웃사랑의 정신을
적극적으로 받아들이고 실천하여야 할 것이다.

교회사회복지사업에 참고가 될 만한 공모사업 신청서를 소개한다. 2016년
경기도 수원시에 소재한 옛 서울대학교 농업대학 부지에 청년과 대학생을
위한 기숙사 운영을 경기도 교육협력과에서 추진하고 사업 운영자를 공모
하게 된다. 그 사업에 컨소시엄으로 공모한 계획서를 참고한다.

경기도 따복기숙사 운영 위탁사무 제안서
제 안 개 요

경기창업자사회적협동조합

(2017. 2. 25.)

 제안의 배경

가. 따복기숙사의 필요성

○ 최근 대학생들의 등록금이 높고 학업을 위한 높은 주거비용의 문제가 사회적 문제로 대두되었음(출처. 따복기숙사 건립 타당성조사, 2015년 10월, 경기도)

○ 경기도 관내 국가 및 지방산업단지 등 산업시설 지역의 청년 근로자 주거안정을 위한 주거시설의 필요성이 증대되고 있음

○ 경기도 대학생 및 청년근로자의 주거비를 경감하고 주거안정을 제공하여 생활의 환경 개선을 토대로 우수한 인재의 양성, 중소기업의 적합한 인재 공급을 지원하고 경기도민의 경제적 사회적 효과를 기대할 수 있는 필요성이 대단히 큼

나. 따복기숙사 운영의 공공성 도출 지향적 운영(자) 필요

○ 경기도의 미래를 이끌 청년을 사랑하고 지역주민의 만족도 높은 삶을 아껴주는 운영(자)의 자질
○ 따복기숙사를 이용하는 대학생 및 청년의 주거안정을 도모하고, 기숙사 입주생의 학업 이후 자립할 수 있는 미래를 써포트(support)하려는 열정
○ 입주생과 지역주민과 생활의 공동체를 구축하여 따뜻하고 복이 넘치는 공동체를 지향하는 의지가 있는 운영(자)이 필요

다. 따복기숙사의 지리적 · 시스템적 환경의 적합성

○ 따복기숙사의 위치는 경기도 수원시 권선구 서호로 16(구 서울대농생대 상록사)에 위치함
○ 따복기숙사 건립의 취지와 목적은 "지리적" 환경이 가장 중요하고, 이어서 지역 인프라를 활용할 수 있는 인적 · 조직적인 네트워크가 조성되어야 하며, 운용능력(수준)이 맞아야 함

가. 대학생 및 청년의 주거안정 지원

기숙사에 입주하는 대학생과 청년에게 정서적으로 안정된 거주환경의 조성

나. 대학생(및 청년)의 창업(또는 취업) 지원

창업과 취업을 지원하는 실질적이고 다양한 지원

다. 지역주민과의 공동체적 연대

지역주민과의 소통을 원활히 하고 공동체를 형성할 수 있는 매개체 역할

라. 경기도 추진 따복기숙사 운영 목적에 맞는 최적합 운영 가능

지리적 여건과 인적.관계적 네트워크의 형성, 입사생의 창업 활동과 지역주민과의 공동체 형성을 지원할 수 있는 실질적인 인프라(Infra.)와 운용능력을 갖추었음

가. 기숙사(동) 운영의 안정화

○ 기숙사동의 컨셉(concept)은 '정숙'(포근한 안정을 취할 수 있는 쉼의 공간)

○ 상업시설공간의 '창의관 카페'는 '왁자지껄' 토론의 장(場)

○ 자율과 질서가 조화를 이루는 기숙사 입주생 자치회 활성화의 터전

○ 지역주민과 어우러지는 생활의 일상화를 지향하며, 경기도의 일꾼으로 양성

나. 대학생 · 청년 창업의 지원

○ 성균관대학교 창업지원단 프로그램 운영 및 교수진 합류(One-Stop 패키지 교육 지원 / 미래형 청년 CEO 육성 / 성장관리 시스템 운영 외)

○ 경기도사회적경제기업 조직의 협력(창업과 기업운영 실제 사례 교육)

○ 경기도중소기업진흥공단의 기업인 멘토단 연대(자수성가 혹은 기업 운영가들의 일대기 교육과 멘토링 연계)

다. 대학생 · 청년 공동체 활동의 실천

다양한 동아리 공동체 활동을 통하여 개인의 아이디어와 구상, 현실화 가능한 공유연대, 상업화, 협력자 구성, 대화와 타협과 협상과 배려의 생활 실천

라. 지역주민과의 연대와 협력 공동체 형성

○필요와 공급의 Matching System 구축 _지역주민의 욕구와 기숙사 입주생의 공헌능력을 파악하여 상부상조 마련 (예. 저소득층 다문화 가정 자녀의 학습능력과 대학생의 학습 코칭, 지역 입시생의 진로문제와 대학생간의 진로 코칭)
○평생교육사업부의 문화행사를 매개로 '지역주민-기숙사' 입주생 연합 행사 추진

마. OPEN SHOP 도입 · 운영

○상업시설공간(식당동 '창의관카페'_가칭)의 기숙사 입주생 작품 전시와 판매공간 활용: 백화점식 OPEN SHOP 운영(입주생 자치 운영), Idea 구상, 디자인, 제조, 매장 Display, 판매, 마케팅, 자금운용, 경영 등 총체적 소상공인 실습의 터전
○자치운영을 통한 기업경영과 수익금의 대학생 · 청년 창업

기금화 조성

바. 평생교육원 제도 도입을 통한 사생회의 활성화

○ 노인대학 운영: 지역주민의 자연스러운 협력과 지역사회 공헌
○ 바리스타 자격증반 운영: 기숙사 입주생 1인당 최소 1개의 자격증 획득 지원
○ 창업교육, 취업교육의 실효성과 지속성의 확보
○ 대학생 멘토링 시스템의 운용: 학습 또는 도움이 필요한 지역 주민의 초중고 자녀와 기숙사 입주 대학생의 학습지도를 통한 사회공헌활동 터전 마련

사. 사생회의 공동체 활동력 증대

○ 자원봉사 수요처 등록으로 기숙사 입주 대학생 · 청년의 봉사활동 활성화
○ 기숙사 입주 대학생 · 청년의 사생회 조직 강화와 자치회 활동력 강화 유도
○ 지역의 중 · 고교 · 대학생 · 일반인의 봉사활동 유도를 통한 따복기숙사와 지역사회가 어우러진 공동체 형성 및 지속 확장

아. 실시간 Global SNS NEWS

홈페이지 소식을 SNS(Band, Facebook, Instagram, etc)로 즉시 전송

자. 창업지원 기금 지원

"누르는 전화 후원" ARS 시스템의 도입으로 대학생 · 청년 창업을 위한 기금 마련

 4 경기창업자사회적협동조합의 특징 · 장점

가. 따복기숙사 운영 · 관리의 최적화된 운영자

ㅇ사회적협동조합, 협동조합, 사회적기업, 비영리 사단법인, 비영리 민간단체가 어우러진 연합체
ㅇ컨소시엄 참여 기업 대표의 전문성
  • 대표기업: 경기창업자사회적협동조합
   – 성균관대학교 산학협력단 교수
   – 한국경영사학회 상임이사
   – 재단법인 장애인기업종합지원센터 이사
   – 한국제품안전학회 회장

– 한국생산성학회 부회장

○ 개방성(타 사회적경제기업에 대한 포용성)

• 따복기숙사의 성공적 운영을 위해서 경기도 소재한 사회
적경제기업의 파트너(또는 회원사) 가입 오픈

• 따복기숙사 관련 주체의 협력과 연대: 운영협의회 구축과
협력 제도의 구축

나. 대학생 · 청년의 필요를 파악하고 있는 안목

○ 창업과 취업, 협력과 연대, 창의력과 현실화에 관한 제반 지
원 준비됨

○ 사회공헌형 인재 양성의 플랫폼 구축으로 경기도 인재양성
의 장(場) 마련

다. 지역주민과의 공동체 형성 역량 구비

○ 노인대학 운영, 알뜰장터 운영을 통한 공동체 형성

○ 지역주민 저소득층 자녀를 위한 학업지원과 멘토링 서비
스 구축

라. 창업과 기업경영의 다양성

○ 창업과 창업 절차, 기업의 경영에 관한 제반 사항 컨설팅:

성균관대학교 창업지원단, 경기도사회적경제기업 협의회,
중소기업진흥공단경기지역본부 연대
○ 상업시설 OPEN SHOP을 통한 실제적 경영 참여활동 기
회 부여

마. 운영의 실무역량이 준비되어 있는 공동체

경영시스템의 선진화: Global 기업들의 경영시스템을 준용함
(운영 직원 포함)
○ 업무처리 Process의 최적화를 통한 업무효율성 구축

바. 회계 운용관리시스템의 적정화

○ 복식부기를 활용하여 자금의 누수.출처파악불명 현상을 방
지함
○ 회계전문프로그램 도입으로 일일 자금현황 마감 체계 구축

사. 따복기숙사 운영의 최적합 공동체

○ 기숙사 입주생 활동 지원의 최고급화, 지역사회 연대, 관리
운용능력, 상황대처능력이 뛰어난 조직체
○ 따복기숙사 위탁운영사업을 위하여 스스로 조직되어 자생
력을 갖춘 공동체

경기도 따복기숙사 운영 위탁사무 제안서
따복기숙사 운영협의체 구성의 현황

경기창업자사회적협동조합

(2017. 2. 25.)

1 따복기숙사 운영협의체 구성 현황

》경기창업자사회적협동조합 조직도

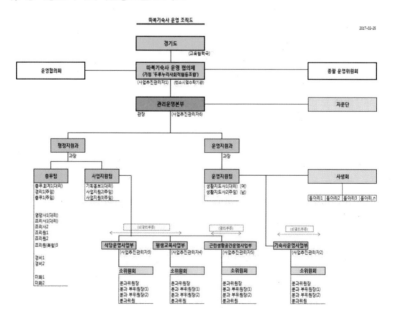

믿음을 따라서 확신으로 경영하라

가. 컨소시엄 참여기업 현황

○ 경기창업자사회적협동조합(사회적협동조합, 대표기업)

○ 수원굿윌스토어(인증사회적기업, 참여기업)

○ (주)팝***(인증사회적기업, 참여기업)

○ 왁자****협동조합(협동조합, 참여기업)

나. 기숙사 운영 협력 기업 현황(Partnership 기업)

○ 사단법인 수원***진흥원(인증사회적기업)

○ (주)한국***소(인증사회적기업)

○ (주)키**(인증사회적기업)

○ 비영리법인 민단단체 두***(비영리법인민간단체)

다. 주요 연혁(요약)

○ 경기창업자사회적협동조합(참여기업)

  • 2013년 5월, 창립

  • 2013년, 광교산환경개선활동시작(매년 실시)

  • 2013년, 1318공부방 성금 및 교실개선사업

  • 2014년, 해야학교 순회방문 교재 녹음 및 학습지도

  • 2016년, 사랑의 연탄 나눔 행사 외

○ 수원굿윌스토어(참여기업)

- 2005년 7월, 창립
- 2011년 5월, (예비)사회적기업 지정
- 2011년 10월, 친환경세제 제조공장 설립(화성시)
- 2014년 5월, (인증)사회적기업 지정
- 2015년 4월, 고용노동부 실버인력지원사업 참여기관
- 2015년 12월, 노래하는 일자리 '장애인합창단'창단

○ (주)팝***(참여기업)
- 2011년 12월, 창립
- 2012년 6월, (예비)예비사회적기업 지정
- 2013년 12월, 인증사회적기업 지정
- 2016년 7월, 도시텃밭 프론티어사업 참여(200명)
- 2015년 4월, 맞춤형 텃밭보급 프로그램 운영(3,072명)

》 인력 현황 (현재 T/O Chart)

부서명		직책(급)	이름		경력
관리운용본부		관장	김**	남	15년 이상
행정 지원과		총괄 과장	임**	남	10년 이상
	총무팀	팀장	이**	남	5년 이상
		경리	최**	여	5년 이상
		시설 관리	정**	남	15년 이상
		영양사	유**	여	3년 이상
		조리사	노**	남	3년 이상

		팀장	최**	남	20년 이상
	사업 지원팀	사원	김**	남	1년 이하
		사원	남**	여	1년 이하
운영 지원과		총괄 과장	나**	남	1년 이하
	운영 지원팀	팀장	최**	여	5년 이상
		주임	윤**	남	10년 이상
아웃소싱	경비원 미화원	–	4명	–	3년 이상
인원 계			17명	–	–

3년 이상 경력자: 14명, 아웃소싱 4명, 미포함 시 10명

 ## 주요 사업내용 및 추진실적

가. 주요 사업의 내용

- 경기창업자사회적협동조합(대표기업)
- 조합원 창업회사 서비스에 대한 위탁운영 사업
- 초기창업자 판로개척을 위한 마케팅지원 사업
- 초기창업자 컨설팅 사업
- 교육컨설팅 및 교육사업
- 교육컨텐츠 개발 및 교구재 제공 사업

- 향료 · 방향제 · 육종업
- 사회적경제 위탁사업
- 평생교육, 학원업, 사회복지사업
- 청소용역업
- 인력파견업
- 경비보안업 외

○ 수원굿윌스토어(참여기업)

- 자선이 아닌 기회를...(취약계층 일자리제공기업)
- 교육서비스업, 평생교육(훈련)
- 도 · 소매업, 제조업
- 청소대행업 외

○ (주)팝***(참여기업)

- 원예 · 화훼 · 원예자재 도소매업
- 원예컨설팅, 위탁관리(조경), 원예교육, 강사양성교육 외
- 건물위생관리업

나. 사업 추진 실적

○ 경기창업자사회적협동조합(참여기업)

- 2013년 5월, 광교산 환경개선 활동 개시(수원시일자리창출과, 수원시창업지원센터, 수원시창업자사회적협동조합 공동주최)

- 2013년 12월, 동계 집수리 봉사 및 성금 기부(1318 공부방 성금, 교실개선사업): 세탁, 시설보수, 식사보조, 청소, 기타
- 2014년 해야학교 봉사 및 생필품 전달, 2016년 소외계층 연탄운반 봉사 외

○수원굿윌스토어(참여기업)
- 최근 5개년도(2011~2015년): 취약계층 생활비 지원 및 활

    동비 29억 원

- 최근 5개년도(2011~2015년): 취약계층.장애인 직무제공 또
  는 취업훈련 720명(연인원)

- 2014년도 자원봉사자 교육 및 봉사활동 기회 제공: 1,470명

- 2015년 12월, 발달장애청소년의 노래하는 일자리 "합창
  단" 창단: 55명(단원 25명, 보호자 25명, 스탭 5명)

○ (주)팝**(참여기업)

- 원예교육지도사 양성과정 운영(2016년, 고용노동부): 25명
- 맞춤형 텃밭보급 프로그램 운영(2016년, 수원시농업기술센터): 3,072명
- 도시텃밭 프론티어 사업(2016년, 경기농림진흥재단): 200명
- 도시농업교육위탁운영(2016년, 용인시농업기술센터)
- 건강한 학교만들기 프로젝트(2016년, 국립원예특작과학원): 300명
- 꿈의학교 허브쉐프교실(2016년, 경기도마을교육공동체): 300명

경기도 따복기숙사 운영 위탁사무 제안서

따복기숙사 운영계획

경기창업자사회적협동조합

(2017. 2. 25.)

1 시설관리 및 안전관리 운영방안

가. 시설관리 운영방안

○ 시설물 관리를 위한 전문 용역업체 연계 및 자체 안전 시스템 구축

- 재난대비·안전관리를 위해 이용기숙생들과 함께 소방훈련 실시(년 1회 이상)

- 안전관리를 위한 직원별 역할 분담 및 책임제(개인별 임무 배정)

- 기숙사 근거리에 있는 안전관리 기관(소방서, 권선구 보건소 등)이나 관공서(서둔동 주민센터 등), 유관기관 등과 협력체계 구축

≫ 시설관리운영방안

구 분	관리내용	관련서류	점검시기
전기안전관리	전기설비 업체 용역	전기안전관리대장	매월 점검
무인경비	방범, 영상관제확인, 출입관리(CCTV설치)	당직근무일지 보안점검표	매일 점검
소방안전관리	방화관리, 종합정밀점검	소방안전관리대장	매월 점검 년1회 종합 점검
가스안전관리	가스설비 업체 용역	가스안전관리대장	매월 점검
승강기안전관리	승강기 점검 및 유지관리	승강기안전관리대장	매월 점검
조경관리	조경 및 화단관리	청사미화일지	매월 점검

≫ 법령에 의한 시설별 관리

구 분	관리횟수	관련법령
저수조	년 2회 상 · 하반기	수도시설의 청소 및 위생관리 등에 관한 규칙
정화조	년 2회 상 · 하반기	하수도법 시행규칙 제33조
소방설비	년 2회 상 · 하반기	소방시설설치 유지 및 안전관리에 관한 법률 제25조
승강기	년1회 10월	승강기시설 안전관리법 제13조
전기안전검사	최초승인일 기준 3년마다	전기사업법 제65조(정기검사) 동법 시행령 35조의 2
소독 · 방역	년 5회	감염병의 예방 및 관리에 관한 법률 제40조

○ 유지보수 및 안전관리 계획

- 시설물 유지관리 예산의 합리적 편성

- 자연재난 및 안전사고에 대비해 사전 점검 및 관리

- 시설물 안전사고 매뉴얼 마련(직원 개별책임구역 카드소지)

- 직원, 기숙생 등 이용자 대상 소방안전교육 실시(년 1회 이상)

- 시설물 내에서 일상적으로 발생할 수 있는 사고 예방

  – 배상책임보험 및 화재보험 의무가입

  – 계단 미끄럼 방지 조치 및 관리

  – 주차장 안전관리 강화

  – 기둥, 모서리 안전바 설치

  – 청소 및 보안의 수시 점검 및 보고체계 마련

≫ 비상연락체계

*당직자 및 최초 사고발생 목격자는 비상 연락망 체계에 의거, 관장에게 보고 후 과장 및
각 팀장에 보고

○예방안전 관리계획

- 직원별 「재난대비 · 안전관리」 개인임무카드에 맞는 역할 분담
- 시설물 점검, 업무일지, 당직일지 철저 관리
- 위탁 관리 업체와의 비상연락망 공유

○시설관리 담당자는 〈일/주/월/분기/반기/연간〉 단위로 점검하는 표 작성 · 관리

▶▶ 비상시 유관기관연락망

번호	비상/유관 기관명	전화번호	번호	건물 관련 업체	전화번호
1	서부 경찰서	031-8012-0346	7	기숙사 건설사	선정 시 기입
2	경기도재난본부	031-230-6623	8	보안업체	선정 시 기입
3	권선구 보건소	031-228-6716	9	한국기술전기안전공단	선정 시 기입
4	경기도청 (교육협력과)	031 8008 4639	10	소방안전관리	선정 시 기입
5	수원시청 (자연재난팀)	031-228-2528	11	승강기안전관리 점검	선정 시 기입
6	수병원	031-273-8290	12	인터넷 장비업체	선정 시 기입

※기타 시설 및 세부 사항은 시설관리규칙, 기타시설관리규칙, 일반시설 및 안전관리 지침서, 기숙사동 시설물관리 이용 지침서에 준함

○안전관리 계획

- 긴급사항 발생 시 주변 병원과 즉시 연계함(아주대학교 병

원, 빈센트 병원)

- 관리운영본부에 상비약 비치함(※안전보건관리규칙에 준함)

---

2 홍보계획

>> 인근대학 기숙사 현황 조사

(단위: 명)

학교	수용가능인원	지원자수	입사경쟁률
경기대	2,272	2849	1.3
경희대	5,488	8,307	1.5
성균관대	5429	7965	1.5
수원대	902	1,348	1.5
아주대	2,834	3,707	1.3
한신대	990	1251	1.3
협성대	435	723	1.7
한세대	363	460	1.3
동남보건대	0	-	-
수원과학대	30	30	1
장안대	456	697	1.5
합계	14,091명	27,337명	1:1.4

(따복기숙사 인근대학 입사경쟁률이 평균 1:1.40이며, 탈락자 수는 13,246명)

구분	운영 프로그램
교육	학년별 메칭 멘토링 시스템 (4학년: 2학년, 3학년: 1학년)
문화	문화, 예술 공연 (동아리 활동)
진로	각 부문별 전문가 강연
취미	동아리 활동
봉사	자치회 활동

동아리, 자치회 활동 → 사생회 활동 → 사생회 협동조합

가. 따복기숙사 이미지 홍보

○ 이미지 홍보

- 따복기숙사의 효율적인 운영을 위한 효과적인 홍보
- 타 기숙사와 달리 상대적으로 홍보 기산이 여유가 있으므로 지역 대학생 및 청년들과의 간담회를 지속적으로 개최하여 기숙사 생활과 활동에 대한 니즈를 확보
- 간담회 내용을 중심으로 참여자의 니즈를 해결할 체계적인 기숙사 운영프로그램을 수정 보완함으로 참여자 중심의 기숙사 운영에 기여

○ 간담회

- 간담회 개최: 대학(원)생, 청년
- 일시: 4월부터~매월 1회 이상
- 장소: 경기도청 및 사회적경제센터(추후 변경 가능)

나. 입사생 선발 홍보

○ 교내 기숙사가 아니므로 학생들이 선호하는 프로그램에 대한 조사: 따복기숙사 운영 취지와 학생들이 요구하는 프로그램을 고려하여 운영

○ 입사생 해택에 대한 홍보: 평생교육원 제도를 활용하여 입사생에게 다양한 자격제도 시행, 자원봉사 활동으로 사회봉사활동 기회제공, 지역주민과 함께 하는 공동체 형성의 장 마련, 향후 사생회 사회적협동조합 등 지원제도 알림

○ 구글 및 애플 앱 사이트 등록: 최근 대학생 및 청년들이 방을 구하는 방법으로 앱사이트 선호(다방, 직방)

○ 경기도청, 지역구청, 주민센터에 홍보 요청

○ 인근대학과 연계하여 대학(원)생들의 안정적인 기숙사 운영 협의

○ 홈페이지 구축(다양한 홍보자료 및 입사시 활동 내용 상세 기재): 멘토링, 지역 저소득 청소년과의 연계활동(학습도우미 등)

○ 인근대학 게시판, 지역 게시판 홍보물 비치

○ 이외 필요하다고 생각되는 홍보 활동 진행

다. 입사생선발 위원회 구성

○정족수: 위원장을 포함한 5인 이상 8인 이하 구성
○위원은 관장을 포함하여 경기도 주무부서장, 도 의회 의원,
사생회(차후) 대표 등 구성

라. 선발 · 심사

○1차 심사: 자격요건 심사로 서류 심사로 갈음(성범죄, 아동학
대, 범죄 등의 경력 조회와 건강검진 확인증 필수, 시차가 발생할
수 있으므로 향후 즉시 취소 조처함)
○2차 심사: 면접 개최 최소 10일 전에 명단을 작성하여 면접
일정을 위원회 보고

≫ 면접 심사

평 가 항 목			배점한도	비고
합 계			100	
서류 심사	정량 평가 (40점)	소 계 (①~②)	40	계량지표 평가
		① 소득, 거리(지역)	20	
		② 자원봉사 및 수상실적	20	

평 가 항 목		배점한도	비고
면접 심사	정성 평가 (60점)	소　　　계 (①~⑥)	60	선발위원 평가
		① 공동체형성에 대한 이해도 등	10	
		② 성적	10	
		③ 도내 프로그램 활동 등	10	
		④ 기숙사 사생회 및 프로그램 참여 의지	10	
		⑤ 기숙사 자원봉사 활동 참여 의지	10	
		⑥ 기숙사 자치회 활동 참여 의지	10	

(면접 총점은 〈60점〉으로 설정하며, 심사위원 전원 평균점수가 〈40점〉 이상인 자를 선별하여 점수가 높은 순서로 결정함)

3 홈페이지

○ 홈페이지 구축 계획

- 1안: Word Press(외국기업)

- 2안: Express Engine(한국기업)

- 3안: 프로그래머의 구축

○ 홈페이지의 주요(필수 필요) 기능 검토

- 배너관리기능: Image + Link주소

- Pop Up 관리기능

- 주요 기관(관공서, 대학교, 기타) Link 게시판 기능

- Out Link 기능
- 기타: 회원가입기능, 게시판기능, 알림기능, 기타 보편적 기능

○홈페이지 활용 방안: Out Link 기능 활용의 중요성
- 홈페이지 게시 글 ⇨ 실시간 SNS 공유 ⇨ 공유 가능자 설정(내외부 가능 게시판, 내부 게시판, 회원.비회원의 구별을 통한 SNS Out Link 기능 활성화 유무 판단)
- 장점: 홈페이지 1회 게시 ⇨ 국내외 다수에 의한 SNS전파 (파급효과의 Non Boundary & Just in Time News)

4 회계처리, 입 · 퇴사관리

가. 회계운용(처리)계획

○처리 시스템의 다중 검증 체계 구축
- 발생 부서의 보고서와 지급 결의서 작성 ⇨ 최종 결정권자의 승인 서류 원본 회계부서로 이관 ⇨ 회계부서의 확인과 지출결의서 작성 ⇨ 최종 결정권자의 승인 후 지출 시행
- 회계 처리의 복식부기: 단식부기의 경우 '사고' 발생 시 추적하기가 매우 어려움 ⇨ 복식부기를 활용하여 문제발생

의 원천 차단 혹은 추적기능 시스템화(예. 금전의 과부족이 발생할 시 보고 후 '가수금' 처리 ⇨ 1개월 후 원인규명이 안될 시에는 별도로 보고 후 '잡수입'으로 처리함, 따복기숙사 회계관리규칙 제42조 제3항)

- 프로그램의 활용: 회계전산프로그램 사용으로 일일 자금 현황이 정리될 수 있게 처리

나. 입사생 입 · 퇴사 관리

○ 입 · 퇴사 시 절차에 따라 진행

- 입사: 따복기숙사동 운영규칙 제3조(입사), 제5조(출입카드 키 발급), 제36조(입사관리)에 준용함
- 퇴사: 따복기숙사동 운영규칙 제4조(퇴사), 제35조(운영회의 퇴사), 제39조(퇴사관리)에 준용함

○ 입사 시 보증금 1개월치 수납 ⇨ 퇴사의 절차 준수 적극 권장 제도

○ 입사 · 퇴사 규정, 환불규정 등등 따복기숙사동 운영규칙에 준하여 처리함

프로그램 기획 및 운영

가. 프로그램 운영 방향성

○방향성: 프로그램 운영 미션이 다양한 가운데 따복 기숙생과 지역 주민과의 조화적 프로그램의 적절함으로 평생학습을 통한 세대가 소통하고 발전적인 청년 문화의 지역 정착화에 효과적으로 접목 하는데 역점을 두었다.

○기대효과
* 전문화 교육으로 질적 향상으로 수요자 만족도 증가
* 지역 문화적 소외 해소, 지역 경제적 활성화
* 지역민과 청년간의 세대간 소통 · 화합의 장 마련
* 민 · 관 친밀도 상승

≫ 따복기숙사의 과제

구분	내용
지리적	대학교내 위치가 아닌 주택가에 위치
공간적	따복기숙사는 다수의 입실 인원 구조로 입사생의 비호감도
환경적	노령화와 낙후된 지역 여건. 비행장 소음지대. 문화 소외지역
입사생 미션	창업. 동아리 협동조합화. 근로형 자활활동
지역연계	지역민과의 소통

≫ 추진체계

구분	내용
따복기숙사 운영협의회	운영의 총괄책임
사생회	자율 협동화
행정구청 및 동사무소	평생학습 프로그램 유기적 협력

≫ 모집 및 접수

모집	교육기간	공고	접수
봄 학 기	3. 1 ~ 8. 30	12. 1 ~ 1. 30	1. 1 ~ 1. 30
가을학기	9. 1 ~ 2. 28	6. 1 ~ 7. 30	7. 1 ~ 7. 30

나. 오픈하우스 행사

○ 따복기숙사(상록관) 오픈 퍼포먼스

- 소요예산: 약 450만원(공간연출/떡/다과/커팅식 준비물 150
만원, 현악4중주/축하공연 300만원)

》기본 프로그램

구분		내용	소요 시간	비고	효과 및 연출
	영접	영접	30분	행사 시작하기 최소 1시간 전 스텐바이	현악4중주
		방명록 작성		행사장에 오신 내,외빈 방명록 작성안내	의전도우미
		내/외빈 care		자리안내 및 Tea서비스 등	의전도우미
		행사일정		행사일정 안내	사회자
1부	공식 행사	개회선언	5분	행사의 시작을 알림	팡파레 BGM
		국민의례	5분	국민의례 및 애국가 재창	BGM
		주요내빈소개	10분	주요 내,외빈 소개	현악4중주
		경과보고	5분	사업 준비부터 준공이 있기까 지의 브리핑과 향후 계획발표	현황판 또는 영상, 서면
		기념사	5분	기념사 또는 환영사	관계대표
2부	축하 행사	축사	5분	축하의 말씀	주요내빈
		시상	5분	공로패 및 감사패 수여식	의전도우미 현악4중주
		떡컷팅/다양한 퍼포먼스	5분	떡 컷팅식 / 현판식	현 악 4 중 주 및 특수효과
		축하공연	10분	칸타빌레 성악공연 또는 예산 에 맞춘 다양한 식전공연	칸타빌레 성 악공연

		시설투어	20분	임직원의 브리핑으로 시설 또는 건물Tour	의전도우미
3부	식후 행사	다과회 및 오찬	30분	다과 및 오찬	현악 4 중 주 BGM
		환송	–	내/외빈 모두 퇴장 시까지 환송라인 구성* 예산에 따라 기념품 제공 (비 예산)	의전도우미

다. 평생교육사업 프로그램 도입

: 청년창업교육, 노인대학, 자격증취득, 공부방 외

○ 목적: 따복 입사생 및 지역민의 욕구 해소를 위한 수요자 맞춤 프로그램을 개발·제공함으로써, 삶의 질적 향상에 기여한다.

○ 창업교육: 평생교육 프로그램, 자격증 취득교육, 예술교육, 자율 참여 프로그램, 노인대학, 송년음악회

○ 대상: 따복기숙사 입사생 278명과 지역주민

≫ 프로그램

프로그램 명	책임관리자
(3–1) 따복 청년 실전 창업 교육	성균관대 김** 수
(3–2) 자격증 취득 교육	따복기숙사 운영협의체 김**대표
(3–3) 예술교육	수원**원 대표

자율 참여 프로 그램	(3-4) 청소년 공부방	따복기숙사 운영협의체 김** 대표
	(3-5) 프리마켓	
	(3-6) 동아리 활성화	
	(3-7) 민, 관 간담회	
	(3-8) 기숙사생활감독 (근로형)	
(3-9) 노인대학		수원***원 최** 대표
(3-10) 영어강좌		따복기숙사 운영협의체 박** 대표
(3-11) 송년음악회		수원***원 최** 대표

○추진방법 및 추진체계

- 실전 전문 교육을 통한 전문성 습득

- 분야별 전문가 및 전문가 멘토링 제공

- 동아리 활성화 지향

- 결과물 발표(지역 활동 및 송년음악회)

≫ 대표 강사 프로필

성 명	프 로 필
유**	서울대 음대 졸업. 네델란드 로테르담 콘서바토리 디플롬. 동아 콩쿠르 실내악부문 1등. M*** 예술단 음악감독. 국민대 교수
오**	러시아 모스크바 Gnesin College of Music 졸업. 러시아 모스크바 차이콥스키 국립 음악원 학, 석사 졸업. M*** 아카데미 강사
김**	중앙대 및 동 대학원 졸업. 이태리 A.I.D.M 디플롬. 일본 다카라츠카 국제 합창대회 은상. 수원시 어머니 합창단 지휘자. 양천 구립 합창단 지휘자
김**	총신대학교 및 동 대학원졸업. 수원시어머니합창단. 양천구립합창단 반주자.

라. 따복 청년 실전 창업교육

○ 사업명: 따복기숙사 청년 실전창업 교육
○ 목적: 유망한 청년창업인재 육성 및 발굴
○ 대상: 따복기숙사생 278명 대상

≫ 지원내용

One-stop 패키지 교육지원	기업가정신 교육, 청년 창업 활성화 및 문화 확산을 위해 창업 전 과정에 걸쳐서 집중교육 (아이템 발굴 및 사업계획, 창업경영관련 (마케팅, 지식재산사업화 등), 사업계획서 작성 등)
미래형 청년 CEO 육성	리더십 역량, 사업역량 및 사업계획 역량 등 3대 핵심 역량에 기반을 둔 맞춤형 교육을 실시함.
성장관리 시스템 운영	참가자 전원을 대상으로 희망자에 한하여 지속적 성장을 제고하기 위해 희망자 및 우수한 학생 및 청년에게 창업사업화 후속 연계 지원

≫ 기대효과

효 과	내 용
교육차별화	기업가정신 함양, 실전 위주의 강의와 실습을 통한 창업의 전 과정을 경험하고, 창업자 준비성, 아이템 우수성, 사업계획 적정성, 성장가능성, 발표 스킬 등을 학습하게 함
후속 지원 연계	창업희망 학생 및 청년을 대상으로 창업공간제공, 창업교육, 전담 코칭, 기술지원, 사업비 및 연계지원 등 창업계획 단계부터 사업화 단계까지 창업의 전 과정을 패키지 형식으로 지원할 수 있도록 후속지원 연계
미래형 청년 CEO 육성	건전한 기업가 정신을 가진 제대로 된 미래형 청년 CEO를 육성하기 위한 교육과정을 통해 학습효과 극대화

○추진방법

- 기업가정신 교육을 통한 기업가정신 함양
- 실전창업교육을 통해 사업 준비과정 습득: 창업자의 아이템 사업화 발굴 및 고도화, 사업계획서 준비 시 기초과정인 개발기획 과정으로 진행
- 분야별 전문가 및 실전 전문가 멘토링 제공: 사업계획서 및 시제품제작 등 단계별 멘토링
- 창업아이템경진대회를 통한 창업 관심자 후속 지원연계: 팀 구성을 통해 창업 아이템 발표 및 시상, 참가자 전원을 대상으로 희망 시 지속적인 멘토링 실시

마. 교육과정 및 일정

○성균관대학교 창업지원단이 운영 중인 창업전담 교수진, 대기업 및 벤처기업 창업 전문분야 현장 전문가, 멘토링 및 평가 전문가 등을 활용하여 현장성 있는 실전 창업 교육

- 성균관대학교 창업지원단 실전창업전문 행정팀의 우수한 프로그램 기획 및 진행
- 총 10회 특강 및 3회 멘토링 진행, 1회 기숙사내 해커톤형 캠프 진행
- 주 1회 3시간 특강을 통한 기업가정신 고취 및 실전창업 학습

- 아이템 발굴 및 선정에 대한 집중 강의 및 멘토링
- 창업희망자를 대상으로 분야별 집중 멘토링 및 캠프 진행
- 경진대회를 통한 우수자는 후속지원 진행

○ 사업예산

- 소요예산: 약 10백만 원

  - 강사료 500만원

  - 멘토링비 200만원

  - 경진대회 심사비/발표 시상 300만원

(예산 확보에 따라 멘토링비, 성공기업 탐방 및 창업 Talk Concert, 창업캠프 등 추가예정)

≫ 교육커리큘럼

회차	내용	강사명
1	기업가 정신 특강	성균관대 김** 교수
2	창업아이디어 발굴	김** 연세대 겸임교수
3	아이템 선정 및 참가자간 아이템 공유	최** 길손 컨설팅 대표
4	창업기업의 성공전략과 사례	성공창업가
5	Biz 모델개발	윤** 대한 인베스트먼트 회장
6	지식재산관리 및 사업화	김** 변리사/ 심** 서울법대 초빙교수
7	재무, 투자의 이해(엔젤, VC 등)	임** 노틸러스 벤처캐피탈 대표
8	성공창업을 위한 마케팅	이** 성균관대 겸임교수

9	창업팀과 리더십	김** 성균관대 교수
10	창업을 꿈꾸는 청년들을 위한 조언 (실패이야기, 성공이야기)	실패 후 성공한 창업가
11~15	희망 분야별 멘토링 및 사업계획서 작성	
16	발표 및 평가, 시상	
예산에 따른 추가 및 연계 프로그램		
17	청년창업성공기업 탐방	
18	창업Talk Show	
19~20	전문 분야별 멘토링	
21~25	해커톤 형 창업캠프, 후속지원사업 연계	

바. 자격증 취득교육

○교육명: 바리스타 자격증 취득 교육

○목표: 청년 창업을 위한 바리스타 자격증 취득

○대상: 입사생 및 청년 ○○명

○소요예산: 강사비 240만 원

○추진방법

　• 이론과 실전을 겸한 자격증 준비교육

　• 전문 강사진의 집중 교육

　• 주2회 1일 1회 2시간 총 10회

　• 소정의 재료비, 교육비 자부담

　• 교육시간 외 실습기회 제공

○ 기대효과

· 창업을 위한 자격증 취득

· 청년 일자리 창출에 기여

○ 교육일정: 2017. 11월~12월 방학기간(주2회 1일 1회 3시간 총 10회)

》교육일정

회차	내용	회차	내용
1	커피학 개론	6	에스프레스 머신
2	커피역사 심화	7	고객 서비스
3	대륙별커피	8	라테아트 하트, 로제타
4	커피 로스팅, 향미	9	응용 라테아트
5	에스프레스 추출	10	카푸치노

사. 예술교육

○ 프로그램: 합창단, 오케스트라, 브라스 초보반, 우쿨렐라, 플룻, 바이올린

○ 사업명: 예술 동아리 및 예술교육

○ 목적: 경제가 발달하고 핵가족화로 개인주의가 팽배한 사회 문화의 급격한 변화로 인한 세대 간 소통 단절은 물론, 인간 존중의 미덕이 사라지고 있는 현 시대에 문화예술 활동을

통한 감성 공감대 형성, 밝은 사회 만들기

ㅇ 대 상: 따복 기숙사생 278명, 지역민 대상

ㅇ 소요예산: 1,580만원(강사비 1,480만원, 악보복사/제본 100
만원)

ㅇ 추진방법

• 국·내외 우수한 전문 강사진의 실기 위주 교육 진행

− 수준별 그룹 또는 1:1 수업 병행 진행

− 동아리 형태의 합주반과 예비반 운영

− 나눔 공연 및 송년 음악회 개최

− 교재비 및 소정의 회비 자부담

− 관내 동사무소장, 관내 구청장 협력 수강자 모집

≫ 교육 개요

구분	과목	교육시간	인원	강사배정
기간	2017. 9월 ~ 12월 매주1회 총 16주			
동아리	합창단	주1회 / 1회 2시간	40명내외	지휘자 1명 반주자 1명
	오케스트라	주1회 / 1회 2시간	40명내외	지휘자 1명
예술교육	브라스 초보반	주1회 / 1회 1시간	15명 내외	강사 1명
	우쿠렐라	주1회 / 1회 1시간	30명 내외	강사 1명
	플룻	주1회 / 1회 1시간	15명 내외	강사 1명
	바이올린	주1회 / 1회 1시간	15명 내외	강사 1명

아. 자율 참여 프로그램

○프로그램: 청소년 공부방, 프리마켓, 동아리 활성화, 우수동
아리 대회, 정책 간담회, 기숙사 생활감독(근로형)

○사업명: 청소년 공부방

• 목적: 입사생 나눔 활동을 통한 지역내 청소년 학습 지도로
지역 내 청소년들의 멘토 역할로 지역사회에 이바지 한다.

• 소요예산: 300만(간식비 300만원)

• 추진체계: 입사생 학습 동아리를 연계한 지역 내 청소년을
위한 나눔 봉사

≫ **프로그램**

구분	내용
대　상	지역 내 청소년 (20명~30명)
일　정	2017년 9월~11월 주5회(1회 2시간) 총 12주 / 총60회
프로그램	청소년 학습 지도
참 여 자	1회 2인1조 (사생회 자체 편성)

○사업명: 프리 마켓

• 목적: 입사생과 지역민 간의 자유 상거래를 통한 소통 마
당을 전개하여 친화력 증대 및 자유경제 활성화

구분	내용
대 상	입사생, 지역주민
일 정	매월 둘째 주 일요일 오전 10시~오후5시
마켓형태	벼룩시장 형태의 자율 매대
판매물품	로컬푸드, 보세 등 자유 물품

○ 사업명: 동아리 활성화

• 목적: 입사생 간의 소통, 문제 해결, 필요 학습을 위한 동아리 등을 구성하여 사생회 자체 협동조합화 지향

  – 대상: 입사생 278명

  – 소요예산: 540만원(동아리 지원비 200만원, 우수동아리 대회 진행비 100만원, 대회 심사비 90만원, 시상 100만원, 정책간담회 50만원)

  – 기대효과

    ① 입사생과의 원활한 소통과 협동

    ② 협업화를 통한 공동체 인식 고취

    ③ 입사생의 당면과제 해결의 축 마련

    ④ 협동조합 구성으로 창업 아이디어 도출

    ⑤ 능동적 진로 모색

구분	내용
대상	따복기숙사 입사생
운영방식	사생회 자율방식 소그룹 동아리 기초로 협동조합 구성화
동아리	창업, 어학, 취미, 봉사 등
민, 관 정책 간담회	경기도와 따복기숙사생 간의 간담회
우수 동아리 대회	대회진행 주최 사생회
기숙사 생활감독 (근로형)	기숙사 야간 생활감독 1일 2인 1조 / 23:00~익일 07:00 자원 봉사적 소정의 근로비 지급 자원 봉사 점수 8시간 부여

자. 노인대학

○목적: 백세시대 고령화 사회에서 근로가 없는 어르신들의 삶을 질적으로 높여 드리고 청년과 노인 간의 원활한 소통, 관계의 안정화에 기여할 것임.

○대상: 지역 내 60세 이상 어르신 20명 내외

○인원 모집: 관내 동사무소장. 관내 구청장 협력

○소요예산: 590만원(강사비 400만 원, 식비90만 원, 재료비 50만 원, 문화탐방 50만 원)

○일정: 2017년 9월~12월(주 1회 1일 3시간. 총 16주)

○프로그램: 건강체조, 노래교실, 경기민요, 식물체험, 한지공

예체험, 교양, 한글공부, 팝송교실, 산책, 문화관광지 탐방, 웃음치료, 음악치료, 건강강좌검진, 영화감상, 음악 감상, 윷놀이, 한국무용, 생활영어, 요가, 미술교실, 과학교실 등
○수료식: 년1회 진행(2월)

차. 영어강좌

○목적: 글로벌 시대의 필수 어학 준비
○대상: 입사생과 지역민 40명 내외
○소요예산: 강사비 160만원
○기간: 2017년 9월~12월 총 16주 / 주1회 1일 1시간
○교재비 · 소정의 참가비 자부담

카. 송년 음악회

○한해의 마무리 퍼포먼스: 동아리, 합창단, 오케스트라
○대상: 입사생과 지역민
○일시: 2017년 12월 중
○소요예산: 600만 원(진행비/홍보비 120만 원, 인건비 300만 원, 악기 대여/운반비 120만 원, 다과/음료 60만 원)
○장소: 따복기숙사 근린시설 식당

타. 국제교류(비예산항목)

국가	도시	방문학교
캄보디아	프놈펜	왕립예술대학 (Royal Universty of Fine Arts)
		국제학교 (Peace International School)
		현지학교 (Angsnoul Secondarg School)
	시엠립	현지학교 (Ecole Primaire De Phreahdak)
		수원마을학교 (Phnom Krom suwon primary & middle school)
키르키즈스탄	비슈케크	국제대학(Kyrgyz International Universal College)

≫ 예산 계획

구분	산출근거	금액
합계		54,000,000
오픈하우스 행사	공간연출/떡/다과/커팅식 준비물 1,500,00원 현악4중주/식전공연 3,000,000원	4,500,000
따복 청년 실전 창업 교육	강사료 5,000,000원, 멘토링비 2,000,000원 경진대회 심사비/발표 시상 3,000,000원	10,000,000
자격증 취득 교육	강사비 2,400,000	2,400,000
예술 동아리 및 예술교육	지휘자/반주자/강사비 14,800.000원 악보대여 복사/제본 1,000,000원	15,800,000
청소년 공부방	간식비 1,600원*25명*5일*12주=2,400,000	2,400,000
동아리 활성화	동아리 지원비 200만원 우수동아리 대회 진행비 100만원 대회 심사비 90만원 / 시상금 100만원 정책 간담회 50만원	5,400,000

노인대학	강사비 4,000,000원. 식비 900,000원 재료비 500,000원. 문화탐방 500,000원	5,900,000
영어강좌	강사비 100,000원*16주=1,600,000원	1,600,000
송년음악회	진행비/홍보비 120만원. 인건비 300만원 악기대여 운반비 120만원. 다과, 음료 60만원	6,000,000

O목적: 저개발국가 해외봉사 및 문화탐방 국제교류를 통해
국내 대학생 및 청년들의 글로벌 마인드 형성. 나눔의 가치
제고. 협동심과 애국심 고취, 자아실현의 성과를 기대함

O프로그램 이해: 세계인은 누구나 문화예술을 누릴 권리가
있다. 캄보디아는 킬링필드 사건으로 지식인, 예술인을 몰
살하고, 악보까지 불태워 가르칠 수 있는 교재도, 인프라도
없는 열악한 상황의 예술교육 환경을 갖고 있다. 저개발국
가 예술교육 지원 사업으로 2013년부터 매년 2회씩 정기적
으로 캄보디아의 5개교를 방문(1개교 학생 수 1,500명), 공연,
예술교육, 한글교육, 미술교육, 위생교육, 성교육 등 다양한
문화예술 지원 활동을 하며 "문화 경쟁력이 국가 경쟁력"이
라는 가치아래 국가브랜드 이미지 구축을 기여한다.

O일정: 매년 1월·8월(여름방학·겨울방학) / 1회 6박8일

O추진체계

• 추진기관: 수원***원(현, 6회 진행 실적)

• 추진국가: 캄보디아(현 5개교 진행), 키르키즈스탄(현, 국제

대학 협약 / 키르키즈스탄 관광청. 문광부 연계)

○ 예산(1인 기준) 158만원(도착 비자비 $30/인 별도): 후원 또는
지원 시 자부담 감소 가능

6 상업시설 활용계획

가. 컨셉(Concept)

○ 운영의 컨셉(Concept)

• 핵심 컨셉(concept)은 '창의적인 아이디어 교류의 장(場)',
컨셉과 상식에 맞는 용어를 고려하여 '창의관 카페'로 별칭

• 최소한의 규칙 준수 외에는 이용자의 적극적인 자율의 공
간으로 이용(예시: 비도덕적 반사회적행태는 규제함)

• '중립 공간'으로서의 학습과 배움과 가르침, 공유와 교류,
협력과 타협의 자율적이고 적극적인 대화가 있는 공간(예
시: 학업, 창업, 경제, 경영, 인문, 사회, 역사, 정치, 산업 등등
인류의 삶 제반에 관한 공간)

○ 개요

• 건축법상의 용도별 종류: 근린생활시설 1종(상업시설)

• 면적: 251.10평방미터

• 위치: 식당동(기숙사 출입구 방향)

나. 사업운영의 방법(How?)

○ OPEN SHOP 운영: 최근 백화점 SHOP in SHOP 트랜드에 맞게 '벽이 없는 매장'을 도입하여 사생회의 회원들에게 상품판매 공간을 제공한다.

○ 창업과 경영의 실습장: 실제적인 창업 실습장을 적용하여 사생회 회원들의 〈아이디어-제조-시장의 반응-효과적인 창의적 마케팅 유도-내부 Feedback-대안마련-창업의 시장 적합능력 강화〉를 습득하는 실습장 활용

○ 평생교육원화(化): 평생교육원 제도를 활용하여 사생회 회원들에게 '자격증 취득' 기회를 부여함(바리스타 자격증).

○ 자원봉사 활성화(수요처 등록): 자원봉사 수요처 등록을 추진하여 사생회 회원들의 사회봉사활동 정신을 고취하고 창의관 카페 운영의 자치운영 성격 지향

○ 창업활동의 동기부여 증대(창업기금 마련 및 지원): 수익금 및 전화(ARS)후원시스템 구축, 대학생·청년의 사업운영 참여와 수익금의 창업활동 기금으로 활용, 전화(ARS) 후원금 시스템의 구축으로 부수적 창업기금 활동

다. 사업운영의 내용

○복지형 매장 운영

 • 장애인과 취약계층의 삶의 터전을 근간으로 하는 복합매장으로 구성(두루누리가게 또는 굿윌스토어)

 • 사생회 회원들의 생활 필요품을 충족시켜 주는 편의점 운영

 • 사생회 회원들의 창업을 실습할 수 있는 OPEN SHOP 시스템 운영

 • 사생회 회원들이 "기업 경영"을 실습해 볼 수 있는 공간으로 운영

○카페&Tea샵 운영

 • 커피와 음료, 차(茶), 피자(PIZZA) 공급

○창업과 경영, 재무관리와 인력관리의 실습 터전으로 운영: 창업과 취업의 틀에서 필요한 일, 경영과 재무관리, 인력관리, 기타 기업운영에서의 필요한 안목과 소양을 갖출 수 있는 기회의 장으로 활용함

○협동과 사회공헌 실천의 공간으로 운영: 협력과 공조, 토론, 논쟁과 합의, 타협과 공생의 활동을 실습할 수 있는 체험의 공간

○자원봉사와 사회공헌의 실천의 공간을 운영: 사회공헌을 실천하고 애국·애민정신 고취하여 건강한 공동체를 결성해

가는 터전

라. 인력운영(영업) 계획

○ 영업시간 계획
- 영업시간: 09시~23시
- 필요 시 영업시간 조정

○ 인력운영 계획
- 09시~18시(9시간, 휴게 1시간 포함): 1인 근무 / 보조 2명 (자원봉사자 또는 직원)
- 18시~23시(휴게 0.5시간 포함): 1인 근무 / 보조 2명(자원봉사자 또는 직원)
- 주휴일: 일요일(직원), 화요일(직원) (*본 휴무일은 상황에 따라서 조정될 수 있음)
- 주휴일 근무(16시간*2일*4.43주/월): 자원봉사 또는 직원으로 대체

마. 공간배치 계획

○ 공간 배치의 기본 사항
- 계산대
- 커피&TEA 준비 및 주방 공간, PIZZA 주방 공간

- 복지형 매장 운영: 장애인 및 취약계층, 사회적경제기업 운영상품 판매 공간(사회적기업복합매장 두루누리가게 또는 굿윌스토어 매장)
- 사생회 회원의 상품 진열 공간
- 편의점 공간
- 이용자 공간(테이블 및 좌석)

》 공간 배치도

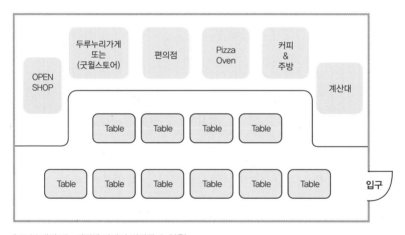

(※ 본 배치도는 사정에 따라서 변경될 수 있음)

바. 집기 · 비품 · 시설 및 비용의 계획

○ 이용자 공간

• 테이블, 의자: 4인용 라운드 테이블 및 원목 의자 20세트 / 비용 20세트*350,000=7,000,000원

○ 카운터(계산대)

• 포스시스템: 1,700,000원

• 컴퓨터 및 프린터 1세트: 1,300,000원

○ OPEN SHOP 및 편의점 공간

• 진열장: OPEN SHOP 진열 선반 및 의류용 헹거 설치, 편의점 진열대 / 비용 30,000,000원

• 냉장고: 오픈형 냉장고 / 2,000,000원

• 냉동고: 밀폐형 유리창 냉동고 / 3,000,000원

• OPEN SHOP 데크: 3,000,000원

○ 피자(PIZZA) 도구

• 그릴형 오븐: 5,000,000원

• 접시, 커팅기, 그릴판, 기타: 10,000,000원

○기타 공용공간

　　• 창의관 카페 디자인 및 인테리어: 20,000,000원

　　• 음향시설: 3,000,000원

　　• 카운터 테이블 및 부대시설: 4,500,000원

(본 비품·시설과 비용은 시장 조사와 내부 결정에 의해서 조정될 수 있음)

사. 수익금의 활용 계획

○사생회 회원 지원 기금

　　• 사생회 회원의 학업, 생활, 국내외 역사문화학술탐방, 해외봉사활동 등의 지원

　　• 사생회 회원의 동아리 활동 지원

○사생회 사회적협동조합 추진 기금 활용

　　• 사생회의 사회적협동조합 추진을 위한 지원 기금

○지역주민과의 공동체 형성 활동 지원

　　• 지역주민과의 공동체 형성을 위한 활동(또는 프로그램)에 지원

의사결정체계 마련

가. 운영협의회 구성

>> 의사결정체계도

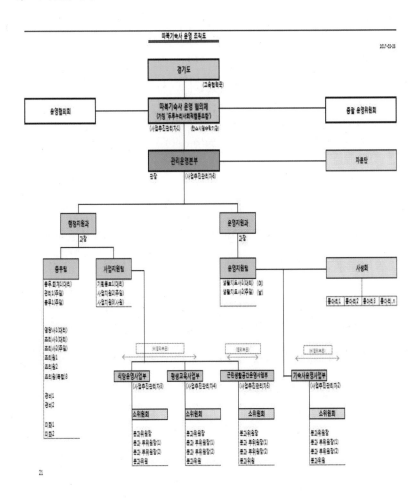

○ 최고 협의와 의사결정 기구로 '운영협의회'를 둔다. 협의회 위원은 사업시행 주무부서인 경기도청 주무부서, 사업의 수탁자인 컨소시엄 및 컨소시엄 협력파트너, 기숙사 입주생으로 조직된 사생회의 대표, 지역주민의 대표로 구성

○ 운영협의회에서 결정된 사안을 관리운영본부에서 효과적으로 시행하기 위하여 컨소시엄구성업체로 구성된 운영협의체에서 사업의 실행계획과 지원사항 검토

○ 관리운영본부에서 운영관리 제반 사항을 처리

○ 컨소시엄을 구성한 조직체에서 문제가 발생할 시 긴급히 처리할 수 있는 협의체로 총괄운영위원회 운영

○ 따복기숙사의 성공적인 관리와 운영을 위하여 관리운영본부에는 각종 전문가 및 협력자로 구성된 자문단 구축

○ 따복기숙사 운영에 관한 전반적인 사업의 원활하고 탄력 있는 추진을 위하여 사업부를 4개 사업부로 구분하고 각각의 소위원회를 구성한다. 각각의 소위원회는 위원장이 사업추진관리자가 되어 사업을 협의

○ 공동체 구성을 위하여 기숙사 입주생으로 구성된 자치회로서 '사생회' 구성

○ 기타 상세한 사항은 따복기숙사 운영규칙을 비롯한 제반 규정화

나. 위임전결규정

○ 기타 의사결정은 따복기숙사 운영규정과 취업규칙 및 위임
전결규정을 준용한다.

8 평가 및 환류

가. 평가 및 적용

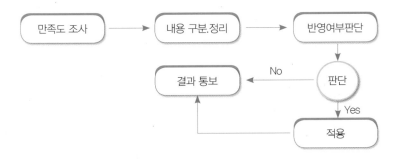

○ 입사생 만족도 조사 방법

• 설문조사

• 대면조사

• 게시판 공개 선택 조사

• 무기명 건의함 조사

○만족도 조사 시기

- 설문조사: 매학기 말, 퇴사 시 시행

- 대면조사: 수시 건의사항 또는 의견수렴, 퇴사 시 면담

- 게시판 공개 선택 조사: 특정 사안 또는 이슈가 있을 시 시행

- 무기명 건의함 조사: 상시 시행(건의함 부착)

○조사 자료 취합 및 보고

- 조사자료 취합: 설문조사, 대면조사, 게시판 공개 선택 조사, 무기명 건의함, 조사 내용 정리 및 취합

- 정리

- 보고 및 적용/조치 여부 판단

- 시행

경기도 따복기숙사 운영 위탁사무 제안서
기 타

경기창업자사회적협동조합

1 회계처리 시스템의 적합성

가. 복식부기 채택&회계프로그램의 활용

○ 단식부기에서 나타날 수 있는 자금의 비의도적 사고의 개연
성을 없앨 수 있음

○ 전산회계프로그램의 도입으로 일일 자금현황을 정리할 수
있게 함

2 기숙사 옥상 활용

가. 기숙사 옥상을 '정원'으로 활용

기숙사 옥상을 나무와 풀이 있는 '정원'으로 가꿈으로써 휴식

의 즐거움을 증대시킴

③ 산책 정원 한국화(花)

가. 산책 정원을 '한국야생화 꽃밭'으로 가꿈

○ 산책 정원을 우리나라 야생화 밭으로 조성함
○ 우리나라 종자산업의 중요성을 배우게 됨
○ 우리나라의 야생화를 알게 됨

④ 직원 관리의 긴급 보완성 확보

가. 전체 직원 위생관리 의무화

○ 타 업무는 긴박한 인사사고 발생 시 보완할 수 있는 시간적
  여력이 있으나, 식당의 경우 자격이 부여된 인원 외에는 출
  입이 제한됨
○ 긴박한 인사사고 발생을 고려하여 전체 직원은 입사 시 위

생관리증 확보를 의무화함

나. 매년 범죄사실 조회

○모든 직원은 범죄사실 조회를 정기적으로 시행함(입사 시, 매년 8월 경) ⇨ 안정성 확보 또는 잠재적 문제의 사전 제재(制裁)

○모든 기숙사 입주생은 범죄사실 조회를 의무함(입주 시, 매년 홀수 월(月) 시행).

5 홈페이지 활용의 실시간 대중화

가. Out Link 기능의 도입

Out Link 기능을 도입하여 홈페이지에 게시되는 내용을 다수의 인원이(관리자 1인으로 한정되지 않음) 다수의 사람들에게 국내외를 구분하지 않고 홍보할 수 있는 시스템을 갖춤

6 상업 공간 활용 및 운영 · 기금마련

가. Open Shop 도입

○ 상업 공간을 개방하여 사생회 회원들의 창업 실습 공간으로 활용함
○ 상업 공간의 운영을 사생회 자치활동으로 이관하여 발생하는 수익금을 사생회원의 창업을 위한 기금으로 활용함

나. 전화 ARS 기금모금 툴 도입

누르는 후원금 시스템을 도입하여 특정 행사 시 활용

7 평생교육원 체계 도입

가. 상업 공간(바리스타 자격증 취득 교육)

창의관 카페를 활용하여 자격증 취득 지원

나. 지역 소상공인과의 'BUSINESS BAND' 지원

지역 소상공인과의 사업 상담 매칭(Matching):

⇨ 소상공인: 상품, 제화, 서비스, 환경을 살펴볼 여력이 없음

⇨ 사생회: 하고자 하는 열정과 아이디어가 많음

다. 노인대학 운영

지역주민과의 소통을 높이고 주민의 필요를 충족시켜 줌

라. 멘토 · 멘티 프로그램 제공

○ 다문화 가정을 포함한 지역 취약계층 학생들의 학습 상담자

○ 대학 입시생들에게 학업생활을 위한 상담자 사회공헌활동의 기회 부여

○ 3, 4학년의 1학년 대상 대학생활 멘토링을 통한 동아리 활성화 유도

마. 최고급 창업교육 시스템의 도입

성균관대학교 창업지원단의 창업지원 프로그램 도입

바. 사생회 자치 활동력 증대

○ 자원봉사 수요처 등록

○ 사생회 자치활동의 동기부여

○ 지역 주민의 방문 빈도를 높여주는 동기부여

II GOODWILL KOREA

한국굿윌스토어 현황

II

한국굿윌스토어
현황

한국굿윌스토어를 거론하자면 고(故)강영우 박사(1944~2012)를 빼놓고는 설명할 수가 없다. 1944년 양평군 서종면 문호리에서 태어난 그는 13세 때 아버지를 여의고, 이듬해에는 축구공에 머리를 맞아 시력을 잃었다. 엎친 데 덮친 격으로 어머니와 누나를 잃게 되고, 두 동생과도 헤어지게 된다. 죽음을 지척에 두고 엄청난 고통을 껴안고 눈물로 청소년기를 지내다가 뒤늦은 나이에 서울맹인학교에서 중학교 1학년 과정부터 점자로 공부를 시작한다. 그러던 중 한국걸스카우트 본부의 시각장애인 프로그램에 등록하러 갔다가 그의 기적 같은 평생의 인연 숙명여대 1학년 누나를 만나게 된다. 어렵사리 연세대학교를 졸업하고, 이후 국비장학생으로 1972년 미국으로 유학을 떠나 피츠버그대학에서 교육학 박사학위를 받는다. 한국인 최초의 시각장애인 박사였다. 2001년 미국 백악관 국가장애위원회 정책차관보로 발탁되어 당시 한국인으로서는 최고의 직위에 오르게 되며, 7년간 재직하게 된다. 유엔 세계장애위원회 부의장과 루즈벨트재단의 고문, 미국 굿윌의 국제이사 등을 역임하였고, 2012년 국민훈장 무궁화장이 추서된다. 일생을 장애인의 자립과 권익증진을 위해 헌신하였다.

당시 미국지역의 굿윌스토어 대표였던 맥닐이 강영우 박사를 후원하고 있었던 것은 한국굿윌과의 예약된 인연이었다고 할 수 있을 것이다. 그가 제임스 맥클렐랜드 인디애나 굿윌의 대표이사를 만났을 때 함께 한국에 굿윌을 만들어보자는 약속을 하게 된다. 이후 강영우 박사는 2002년 국제교육재활교류재단을 설립하고 한국 내에 굿윌스토어를 전파하는 역할을 한다. 그런 그의 노력으로 굿윌스토어가 국내에 설립되어 사역을 시작하게 되었고, 수원굿윌스토어는 미국 인디애나주 로터리클럽의 후원금 2천불과 (주)방주광학을 비롯한 한국 기업가들의 십시일반 후원으로 시작할 수 있게 된다.

대부분의 사람들은 고(故)강영우 박사를 기억하지만 그가 장애인의 자립과 권익을 위해서 우리 시대에 큰 족적을 남길 수 있게 되었던 것은 모진 편견과 수모와 비난을 무릅 쓰고 묵묵히 헌신했던 석은옥(본명 석경숙) 여사가 있었기 때문이다. 당시 석경숙

여사는 사회의 온갖 편견에 부딪혀가며 곁에 있어주고, 책을 읽어 주고, 도시락을 싸주는 등 헌신어린 도움을 주었다. 그런 그녀에게 강영우 박사는 마지막 편지를 보낸다.

"사랑하는 아내에게"

당신을 처음 만난 게 벌써 50년 전입니다.
햇살보다 더 반짝반짝 빛나고 있던
예쁜 여대생 누나의 모습을 난 아직도 기억합니다.
손을 번쩍 들고 나를 바래다주겠다고 나서던 당돌한 여대생,
당신은 하나님께서 나에게 보내주신 날개 없는 천사였습니다.
앞으로 함께할 날이 얼마 남지 않은 이 순간에
나의 가슴을 가득 채우는 것은
당신을 향한 감사함과 미안함입니다.
시각장애인의 아내로 살아온 그 세월이 어찌 편했겠느냐,
항상 주기만 한 당신에게 좀 더 잘해주지 못해서,
좀 더 배려하지 못해서,
너무 많이 고생시킨 것 같아서 미안합니다.
지난 40년간 늘 나를 위로해주던 당신에게
난 오늘도 이렇게 위로를 받고 있습니다.

미안합니다.

더 오래 함께해주지 못해서 미안합니다.

내가 떠난 후 당신의 외로움과 슬픔을 함께 해주지 못할 것이

라서...

나의 어둠을 밝혀주는 촛불,

사랑합니다.

사랑합니다.

사랑합니다.

그리고 고마웠습니다.

"호랑이는 죽어서 가죽을 남기고, 사람은 죽어서 이름을 남긴다"는 옛말처럼 세상에 아름다운 이름을 남기고 갈 수 있는 사람은 무엇으로도 비교할 수 없는 행복을 느낄 것이다. 한 나라를 구하는 영웅이나 인류를 전염병에서 구해내는 거창한 '이름'은 아닐지라도 어려운 이웃을 위해서 수고로움을 마다하지 않았던 사람이라는 평가를 받을 수 있다는 것은 큰 삶이 되었으리라. 한국에서 굿윌스토어가 시작되고 수많은 사람들이 구제받게 된 것은 순전히 고(故)강영우 박사의 남다른 사명과 그를 헌신적으로 뒷바라지 했던 석은옥 여사의 사랑이었다고 할 수 있겠다.

미국의 굿윌스토어는 대부분 비영리기관으로 시작이 되었던 것과는 대조적으로 한국의 굿윌스토어는 교회에서 시작한다. 그럴 수밖에 없었던 이유로는 장애인과 취약계층에 대한 사회적인식이 제고되지 않았던 분위기에서 굿윌스토어 사역은 교회의 구제사역 정신과 일치했으며, 자원봉사자와 물품의 나눔과 후원이라는 많은 자원이 지속적으로 필요했기 때문이었을 것이다. 2003년 4월 부산 호산나교회 호산나복지재단에서 첫 발을 내딛게 된 이후 이어서 2005년 3월 서울 세신감리교회에서 양천굿윌스토어를, 2005년 7월 수원중앙침례교회에서 수원굿윌스토어 사역을 개시한다. 2011년 5월 남서울은혜교회를 모체로 하는 밀알복지재단에서 송파굿윌, 2012년 4월 창원의 남산교회에서 창원굿윌, 2013년 2월 밀알복지재단의 도봉굿윌스토어 사역에 합류한다. 2017년 현재 국내에는 17곳의 굿윌스토어가 운영되고 있다. 수원굿윌스토어와 창원굿윌스토어와 서울 밀알복지재단의 4곳 스토어, 부산의 호산나복지재단에서 2곳 스토어, 함께하는 재단에서 10곳의 굿윌스토어를 운영하고 있다. 한국굿윌스토어의 2017년 전체 추정 매출액은 70억 원이며, 기증물품 수량은 약 4,559,000점이 된다. 고용인원과 직업훈련을 포함한 미션직 (장애인, 탈북민을 비롯한 취약계층) 전체 인원이 411명이며, 전체 인원의 약 80% 이상이 최저임금 이상을 매월 생계비로 지급받고 있다. 이 중 280여 명 이상이 미션(mission)직에 해당되는 인원으로 적은 금액과 특별하지 않은 사업 방식으로 엄청난 사회적 구제효과를 실천하고 있다. 이렇게 놀라운 효과를 만들어 낼 수 있는 사업(역)의 메커니즘을 구축하기가 어려운 것이며, 그 실효성을 만들어 내는 곳은 한국굿윌스토어가 단연코 선구적일 것으로 확신한다.

한국굿윌스토어는 미국 굿윌의 시스템을 도입하였다. 미국 굿윌스토어는 1902년 미국 메사추세츠주 보스턴에 있는 모간메모리얼교회(Morgan Memorial Church)의 애드가 헬름즈 Edgar J. Helms(1863~1942) 감리교회 목사에 의해서 시작되었다. 신학을 공부한 후 보스턴 남부 모간채플에서 목회를 시작했다. 그곳으로 목회지를 정한 이유는 '교회 주변지역이 빈민가와 부촌이 바로 붙어 있는 곳', '그런 환경을 기회로 삼아서 불우이웃을 돕는 사랑 나누기 운동을 하면 좋겠다'는 생각이 있었기 때문이다. 처음에는 성탄절을 맞이해서 지역주민에게서 쓸 만한 의류, 가구, 집기 등의 중고품을 기증받거나 일회용 구호물자를 받아서 나누어 주는 일을 시작했다.

스토어	전체 매출액	전체 케어인원	미션직 인 원	기증품수량
18개	7,000,000,000원	411명	312명	4,559,000점

※ 기증물품수량은 국내자원소비의 절감과 생성된 자원의 공유, 2차 필요자의 자의적 선택연계효과가
지대하며, 수혜자가 대부분 취약계층과 서민층이라는 의미가 있다. 국가의 수익 차원에서도 2차, 3차 기
증과 구매의 반복현상으로 공헌을 하고 있다.

　그런데 구호물품을 받은 사람 중 어떤 사람이 오히려 문제를
제기한다. "내가 진정 원하는 것은 거저 얻은 중고품이 아니라
땀 흘려 일할 수 있는 일자리입니다. 우리에게 자선이 아닌 기회
를 주십시오!"라는 수혜자의 요구가 있었다. 그래서 시작된 청소
와 설거지 등등의 일들이 중고품을 〈수집하고 수선하고 분류하
고 판매〉하는 일자리로 확대되어 장애인을 위한 일자리를 만들
어 내었고, 지역 내 취약계층을 우선 고용하여 경제활동으로 생
성되는 수익금으로 또 다른 취약계층을 훈련시켜줌으로써 그들
이 일할 수 있는 기회를 제공하기 시작했다. 굿윌의 사업 모델
은 물품을 후원받고 재사용하는 과정을 통하여 자원과 국가경제
와 사람을 행복하게 해주는 메커니즘(Business Machanism)을 사
업의 기초로 하고 있으며, 이익(Profits)을 위해서가 아니라 섬
김(Service)을 위해서 운영되고 있다. 기독교정신에는 누구나 일
할 수 있는 생산적인 책임을 요구하며, 때문에 누구나 일이 있어
야 하고 누구나 일을 할 수 있어야 한다. "각각 자신의 능력에 따
라서, 각각 자신의 필요에 따라서"라는 어느 격언은 굿윌의 기업

정신을 표현하는 훌륭한 말이다.

여느 기업들의 성장과정에서 나타나는 현상처럼 굿윌도 시작
초기에는 곤란한 경우를 많이 겪게 된다. 기간별로 구분해 보면
1902년~1920년, 미국의 35개 도시로 진출하여 확장되었으나
성장이 주춤거렸던 시기이다. 1920년~1930년은 국제화되던 시
기로 중국, 인도, 호주, 필리핀 등으로 전파되던 시기였고, 1930
년~1940년 대공황의 영향으로 새로운 30개의 굿윌스토어 지점
을 열게 된 시기였다. 감리교회의 조직력을 통해서 사람의 고귀
함을 강조하는 철학과 민주적인 절차, 공개적인 회계처리로 투
명성을 강조하는 조직이 되었던 시기이기도 하다. 그리고 각 지
역의 굿윌은 종사자와 관계자들의 성품과 영성 개발을 강조하도
록 독려되었다(손만석, 2016, "굿윌스토리").

≫ 최근 영업을 개시한 굿윌스토어 매장

한국의 굿윌스토어는 장애인과 취약계층이 진정으로 원하는 것을 도와주고자 노력한다. 그저 얻는 중고품이 아니라 땀 흘려서 일할 수 있는 '일자리'가 그것이다. 자선이 아니라 기회를 주고자 하는 것이다. 수익금이 발생되면 새로운 장애인과 취약계층을 구제하는데 투입되므로 수익금이 쌓일 겨를이 없다. 사역(업)활동을 발생하는 수익금은 또 다른 장애인과 취약계층의 직업훈련을 위해서 소용되며, 이들이 자립할 수 있는 일자리를 찾거나 제공하는데 사용된다. 실상 굿윌은 그 사역(업)의 주요 메커니즘 때문에 '스토어'(store, 가게)라는 이름을 사용하고 있지만 실제는 '산업'(industry)이라는 국제용어 '굿윌인더스트리'(Goodwill Industry)라는 공식 용어를 사용한다. 장애의 유형이 다양한 것을 감안할 때 '가게'(store)만으로 틀을 정하게 되면 거기에 적합한 사람 외에는 구제해줄 수가 없다. 때문에 '가게'를 기본으로 하되 다양한 장애인들과 취약계층을 포용할 수 있도록 산업 전반에 걸친 사업구조를 갖추고 운용하려는 방향성을 갖는다. 어느 누구든지 각각 자신의 능력에 따라서 각각 자신의 필요에 따라서 일을 할 수 있도록 권장하며, 여기서의 능력이라는 것은 손가락을 움직일 수 있든, 발만 움직일 수 있든 장애인과 취약계층 대상자들의 현재 신체적 정신적 조건을 말하는 것으로 비장애인 비취약계층에서 사용되는 능력이라는 정의와는 차이가 있다.

한국굿윌스토어는 연합된 협의체를 갖는다. 굿윌스토어를 운영하는 한국의 5개 법인이 '굿윌코리아'라는 이름으로 협의회 체계를 갖추어 연합하고 공유하고 협력하고 있다. 굿윌코리아는 법인 대표이사로 구성된 '이사회'와 굿윌스토어를 경영하고 있는 대표로 구성된 '운영위원회'로 구분된다. 이사회에서는 한국 굿윌의 정책적인 결정을 의결하고, 운영위원회에서는 실제 사역(업)하면서 나타나는 각종 이슈들을 논의하고 다루며, 매 분기별로 사업실적을 공유하고 있다. 정기적으로 미국 굿윌과의 컨퍼런스 콜(conference call) 회의를 진행하며, 정보와 자료를 공유한다.

굿윌스토어
수원

굿윌스토어
수원

인류는 아담과 하와 이래로 종일토록 수고하여야 그 소산물을 먹을 수 있는 생활(生活)의 구조를 유지해 왔다. "아담에게 이르시되 네가 네 아내의 말을 듣고 내가 너더러 먹지 말라한 나무 실과를 먹었은즉 땅은 너로 인하여 저주를 받고 너는 종신토록 수고하여야 그 소산을 먹으리라"(창 3:17). NIV 성경에서는 "To Adam he said, 'Because you listened to your wife and ate from the tree about which I commanded you, You must not eat of it, Cursed is the ground because of you; through painful toil you will eat of it all the days of your life'"라고 되어 있다.

여기서 주목되는 부분은 '종일토록 수고'를 통해서 '그 소산물을 먹을 수 있다'는 것이다. 종일토록 수고한다는 것은 '생산'을 한다는 의미이며, 소산물을 먹는 다는 것은 먹고 살기 위한

'소비'를 의미한다. 즉 인간의 삶의 시작은 '생산'과 '소비'의 기능과 함께 유지되어 왔다. 그러나 인공지능(AI, 최근에는 '인공감성'으로 발전됨)이 상용화 되어 가면서 인간의 생산 기능에 심대한 변화를 일으킬 것으로 예측한다. 인공지능이 인간의 지능을 초월하는 '특이점'(singularity)의 시점을 미래학자 레이 커즈와일(Ray Kurzweil)은 2045년으로 예측했고, 수학자 버너 빈지(Vernor Vinge)는 2023년을 예견했으며, 미래학자 토마스 프레이(Thomas Prey)는 2030년까지 20억 개 이상의 직업이 사라질 것으로 예상했다. 사실 인공지능은 인간의 수고로운 일들을 덜어주고 심지어 병들거나 노화된 부위를 대체할 수도 있으며, 인간의 행복을 위해서 고안된 것이다. 그러나 우려와 편의가 교차되는 전망에도 불구하고 우리가 미래 로봇 인공감성 시대를 항상 염두(念頭)해 두어야 할 것은 첫째, 대다수의 인간은 사회에서 '생산' 기능을 상실하게 될 것이고, 그렇게 되면 자동으로 '소비' 기능을 상실하게 될 것이다. 둘째, '인공지능과 인간의 차이'가 매우 커서 인공지능과 인간의 가치 구별이 유지될 것이라는 주장이 있는데, 그것은 결국 생산수단을 소유한 초극소수의 사람들과 그들을 보조하는 소수의 사람들에게 해당될 뿐 거의 대다수의 사람들은 인공감성 로봇의 경쟁이 되지 못할 것이다. 셋째, 지구상에서 대다수의 사람들은 '존재'의 의미를 갖지 못하게 되거나 무의미한 존재로 내몰리고 치부될 것이다. 혹은 모든 인간의 존재 가치에 대한 순위가 매겨질 것이다. 예를 들어서 인공감성 자동차 두 대가 한 사람씩을 태우고 주행하는 도중 다리가 무너져 한쪽은 부득불 사망하는 사고가 예측될 때 두 대의 인공 감성 자동차는 누구를 살릴 것이냐 하는 문제가 제기된다. 이것을 지구상에 존재하는 모든 인간에 대입하면 무엇인가에 의해서 모든 인간의 존재가치의 우선순위가 정해지게 될 수도 있을 것이다. 세 번째로 미래의 로봇 인공감성 시대를 염두에 두어야 할 것은 인공지능과 사람과 사람 간의 실시간적인 소통이다. 어떠한 조직이든 사회이든 국가이든 여러 사람이 모여서 그 목적을 이루어 나가는 상호 활동을 하게 된다. 기업에서도 내부 소통 혹은 원거리에 있는 지사와의 소통이 얼마나 실시간적으로 이루어질 수 있는지 그리고 서로 다른 부서에서 진행되고 있는 일의 정

강영우 박사
굿윌스토어수원 방문

고명진 담임목사(수원중앙교회, 좌)
故강영우 박사(우)

보 소통능력이 생존과 성장의 기본이 된다. 인공감성 시대에는 기업, 사회, 국가, 혹은 모든 조직들의 이러한 욕구가 해결될 것으로 예상된다. 그러기 위해서는 결국 사람의 몸 어딘가에 생각하는 바를 소통하는 장치가 장착되는 일이 보편화 될 것이다.

어쨌든지 간에 대부분의 생산수단을 갖춘 기업들이 이러한 미래의 생활환경에서 대다수의 사람들에게 '일'(work)을 부여해 주기는 어려워질 것이다. 그런 의미에서 수원굿윌스토어는 다가오는 미래의 환경에 최적합화된 사업 환경을 갖추고 있다고 말할 수 있겠다.

굿윌스토어수원은 장애인과 비장애인이 함께하는 아름다운 직장, 사회적기업이다.

굿윌스토어수원은 고(故) 강영우 박사의 소개로 미국인디애나주 로터리클럽에서 2천불의 후원금과 국내 기업가들의 후원금으로 2005년 7월 25일 수원시 팔달구 교동에 설립되었다. 설립 당시만 해도 이런 유형의 비즈니스 메커니즘이 사업성이 있다는

강영우 박사
복지(welfare)를 근로복지(workfare)로 바꾸어야 합니다. 장애인들이 일을 해서 자립을 하면 자신뿐만 아니라 그에게 매달리는 사람도 자유롭게 해주는 것입니다. 그 일을 제일 잘할 수 있는 것이 굿윌사역입니다.

평가가 없었고, 자원봉사의 개념이나 물품의 나눔과 기증이라는 사회적 인식도 빈약했다. 더욱이 장애인과 취약계층에 해당되는 사람들을 개인적으로 혹은 당사자들만의 문제로 여겨졌던 분위기가 짙었기에 국가차원에서 다뤄져야 할 보편적인 사회적 문제로까지는 거론되지 못했던 것이 현실이었다. 사람들은 저마다 고도의 국내경제성장의 흐름 속에서 국민적 소속감을 가지고 자신의 안위를 위하는 사고의 폭에서 살아왔으나 2007년 10월 IMF를 겪은 시기는 우리 국민의 정서를 변화시켰다. 비록 국가라 할지라도 국민 개개인을 보호해 줄 수 없을 수 있다는 근심을 만들어 냈고, 때문에 사적연금이나 사적보험의 증가현상과 개인의 경제적인 이익 추구 현상이 심화되었다고 여겨진다. 그러한 보편적인 사회 배경 아래에서 강영우 박사의 요청으로 중앙침례교회에서 장애인을 자립생활을 지원하기 위한 굿윌스토어 사역을 시작하였다. 그러나 사업의 본질적인 운영 메커니즘을 제대로 인지하지 못함으로써 시행착오를 많이 겪게 되며, 사업성에 대한 인식도 약했다. 판매장을 위한 공간을 20피트 가건물에서 시작하게 되었던 것은 굿윌스토어 사역에 대한 본질적 정체성과 가치의 인식 그리고 향후 지속 가능성에 관한 불확실성이 컸음을 반증한다고 볼 수 있겠다.

생활비를 보조해 주거나 쌀을 지원해 주거나 혹은 어떠한 다른 형태의 복지(福祉) 서비스는 필요한 것이지만 "근로복지가 최고의 복지이다"라고 설파했던 고(故) 강영우 박사가 주창한 '굿윌스토어' 사역(업)은 단순히 '하고 싶다'라고 하여 시작할 수 있는 사업은 아니다. 그 수혜의 대상이 되는 부류는 보편적인 능력이 구비되지 않은 장애인(그리고 취약계층)이다. 어떤 사업이든 재생산이 가능한 행정능력과 사업능력이 수반될 수 있는 인적 물적 시스템이 갖춰질 때 사업이 지속될 수 있다. 그리고 행정능력과 사업능력이 수반된다는 것은 구(舊)시대에 적합한 능력이 아니라 현시대의 시류(時流)에 맞는 자질과 능력을 갖춘 사람들이라는 것을 의미한다. 우리가 일반적으로 취약계층이라고 정의하는 것은 "자신에게 필요한 사회서비스를 시장의 가격으로 구매하는데 어려움이 있거나 노동시장의 통상적인 조건에서 취업이 특히 곤란한 계층"으로서 저(低)소득자, 고령자, 장애인, 청년실업자, 경력단절여성, 결혼이주여성, 갱생보호대상자 등등을 말한다. 더불어서 굿윌스토어 사역은 본질적으로 취약계층에 대한 긍휼(矜恤)한 마음이 있어야 하며, 돕고자 하는 숭고한 정신(精神)이 구비되어 있어야 한다. 이러한 요건에 최적합한 조직이 '교회'라고 할 수 있겠다. 사람의 인격과 존중이 중요한 영역으로 자리하고 있는 조직이 곧 교회이며, 사회봉사의 기본적인 성품을 갖추고 있는 사람들이 모인 조직이라는 특성이 있다. 자원봉사 인력과 물품의 나눔과 후원, 금전적인 소득의 나눔과 기부(寄附)행위가 종합적으로 필요로 하는 굿윌스토어의 근로복지 사역에는 교회와 같은 최적의 인프라를 갖추고 있는 조직이라야 가능한 사역이다.

'자선이 아닌 기회'(As an opportunity, not a charity)를 기업철학으로 삼고 있는 굿윌스토어수원의 정신은 지역사회 내에서 장애인(그리고 취약계층)의 자립생활(自立生活)을 지원한다.

>> **굿윌스토어수원 조직도**

※ 굿윌스토어 사역(업)을 위해서는 다양한 후원자와의 네트워크가 필요하다.

사람이 70년을 살아간다고 했을 때 적어도 76,650회의 음식물을 섭취하게 된다. 단순히 하루 '세끼'의 음식을 섭취하는 것을 계산한 수치이다. 대체로 기업이나 사회에서는 1년 중 연말에 '한 차례', 혹은 많게는 '다섯 차례'쯤 물품이나 후원금을 취약계층에게 제공한다. 그것도 연말이라는 특정한 시기에 후원하는 쏠림이 심하다. 그렇기에 매일 매일의 생계물품이 필요한 장애인과 취약계층의 사람들에게는 호의를 베푸는 대상자에게 그 인격이나 삶이 종속될 수밖에 없다. 그런 사회적 구조에서는 장애인과 취약계층의 인격적 자립이 있을 수 없다. 하나님이 사람을 창조하셨을 때에는 '하나님의 형상'을 따라서 신(神)같은 존엄한 존재로 창조하셨음에도 재물을 소유한 사람과 갖지 못한 사람, 능력이 있는 사람과 능력이 없는 사람간의 '존엄성'에는 큰 차이가 나타난다. 이것은 비단 자본주의적 사회구조이기 때문이라고 핑계할 수 있는 것만은 아닐 것이다. 물론 자본주의 구조 혹은 물질 만능주의 사고방식이 그 차이를 가중시키고 있다고 볼 수도 있겠으나 유사(有史) 이래로 사람이 안고 있는 소유와 명예를 추구하는 본연의 속성(屬性)에 그 원인이 있다.

굿윌스토어수원의 사명(Mission)은 근로복지 사역을 통해서 구제사업과 지역사회 통합의 역할을 하는 것이다. 근로복지 사역의 수혜 대상은 당연히 장애인과 취약계층이다. 이들은 국가의 책임과 의무하에서 사회복지 서비스를 받아야 할 대상들이다. 그럼에도 불구하고 굿윌스토어에서 이들을 돌보고자 하는 것은 그 발생 자체의 본질적 바탕이 '사람을 구제'하고자 하는 정신이 있기 때문이다. 장애인과 취약계층에게 '직무'를 제공하여 근로하게 하고, 스스로 생계를 이어감으로써 자립(自立)을 하게 되면 결국 그 지역사회 구성원으로서의 역할을 감당하게 될 것이고, 결과적으로 지역사회에서 소외되는 구성원이 없는 사회통합을 이루게 될 것이다. 건전한 사람들의 구성하는 지역사회는 근본적인 국가의 '힘'이 된다. 그러므로 자연스럽게 도출할 수 있는 굿윌스토어의 사회적 가치, 혹은 사역의 목적은 지역사회의 장애인과 취약계층에게 '근로복지'의 기회를 제공함으로써 개인의 자립생활을 지원하고, 궁극적으로는 사회통합을 만들어 가기 위함인 것이다.

사역의 과제로는 역시 지역사회의 통합일 것이다. 근로를 매개로 하여 개인의 존엄성을 세워주고 지역사회구성원으로서의 역할과 공헌을 지원함으로써 '경제적 자립'의 위기로 인한 '존엄성' 결핍에서 기인하는 사회적인 문제와 잠재적인 문제를 근절시킬 수 있을 것으로 본다. 더불어 개인과 가족과 지역사회의 건강한 공동체를 구현할 수 있을 것으로 기대한다. 직무 혹은 직업을 통하여 장애인과 취약계층의 사람들에게 창의적 능력을 길러주고 자기를 존중하는 법을 자극하여 경제적인 자립을 꾀하게 하는 것이다. 결국 개인과 가족 그리고 지역사회의 건강한 환경이 만들어질 것은 자명한 일이다.

굿윌스토어 수원의 목표는 각 시 · 군 · 구에 최소 1개의 사업장을 운영하여 최소 45개의 스토어에서 1,350명의 장애인과 취약계층 사람들에게 직무를 부여해 주는 것이다. 매장의 규모는 100평 이상, 한 곳의 매장에서 장애인과 취약계층을 평균 25명씩 고용해 주기를 바란다. 그리고 각 매장은 5개에서 10개의 위성 매장을 지원해 줄 수 있기를 바라고 있다. 이정도의 규모를 갖추게 될 때 측정하기 어려울 정도의 국가적인 경제효과는 부수적으로 나타나게 된다. 누군가에게는 효용가치가 사라진 물품을 새로운 사용자에게 연결시켜 줌으로써 자원을 아끼고 환경을 보호하며 사회적 재생산의 가치를 극대화시킨다. 버려지는 생활용품도 굿윌스토어에서는 상품화 공정을 거쳐 새로운 상품으로 변모된다. 상품이 처음 만들어진 후 소비되었던 물품이 굿윌스토어에서 다시 판매가 이루어지면서 부가세를 비롯한 각종 세금이 또한 정부에 납세되므로 국익에도 상당한 기여를 한다. 장애인과 취약계층에게 직무(일자리)를 제공해준 다는 것은 지역사회 내 빈곤층과 취약계층의 확산을 줄이거나 막아줌으로써 자연적인 사회 안정이 이루어지도록 하며, 지역경제 활성화에도 상당한 도움이 되고 있다. 특히 우리 사회에 긍정의 효과를 만들어

주는 '긍정사회 공헌 플랫폼' 효과는 자랑할 만하다. 굿윌스토어 공간이 사회 구성원들이 이웃을 돕고자 하는 인식 개선의 장(場, 또는 무대)이 됨으로써 '선진 시민으로서의 사회적 인식 개선'에 필요한 막대한 교육과 홍보효과를 만들어 낸다. 사회구성원들에게 배려하는 마음이나 지역사회를 위해서 헌신하고자 하는 의식을 함양시켜 준다. 치열한 자본주의 경제체제 아래에서 나타나는 정신질환증 혹은 심리적인 고통을 경감시키고 치유하는 최상의 터전이 된다.

≫ 수원굿월스토어 지양 공동체

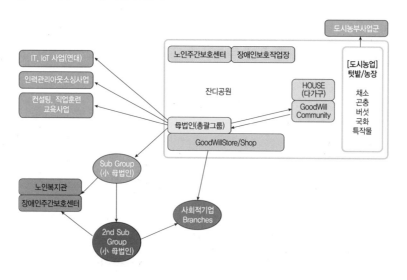

현재 굿윌스토어수원이 시행하고 있는 사업은 스토어사업부, 공익사업부, 합창단사업부, 업싸이클링사업부가 있다. 스토어사

업부에서는 유통을 겸하고 있으나, 주로 기증받은 물품을 재사용하는 사업이다. 사용 후에 버려지거나 폐기되는 각종 생활용품을 기증받은 후 작업장에서 상품화 공정을 거친다. 다시 판매장으로 옮겨져 진열되고 판매된다. 이러한 과정에서 다양한 직무가 배치되어 있으며, 장애인과 취약계층이 특별한 업무능력 없이 가정에서 혹은 생활에서 입고 쓰고 정리하는 일반적인 일들이 대부분이다.

현재 굿윌스토어수원에서 활동하는 공동체 인원은 총 97명이다. 스토어사업부 12명과 노래하는 일자리 합창단 사업부에 85명의 단원과 지휘단과 케어 협력 회원들이 있다. 2005년 7월, 중앙교회의 한 부서 산하기관으로 창립되었을 당시에는 장애인들이 근무를 시작하고 교회의 직원들이 후원과 기증과 봉사의 행정사무 역할을 겸직했다. 2008년 11월, 수원중앙복지재단이라는 법인이 설립되어 재단으로 통합되었다. 이후부터 행정 지원업무도 굿윌스토어수원에서 자체 기능으로 움직이게 되고 독립채산제 운영이 시작된다. 2008년 고용노동부 추진 사업인 사회적 일자리 참여기관에 선정되어 가로수 청소 사업을 시작하게 되고, 2009년 건물청소용역 사업을 개시한다. 2011년 5월과 2014년 5월, 고용노동부 사회적기업 예비와 인증을 차례로 받는다. 2011년 8월부터 한국의학연구소(KMI)측에서 장애인과 취약

계층을 대상으로 매년 50명씩 건강검진을 후원해 주는 협약식
(MOU)을 체결하여 7년째 시행하고 있다.

≫ 굿윌스토어수원의 기업철학

●기업 철학

자선이 아닌 기회를… As an opportunity, not a charity...

●기업 미션(Mission, 사명)

근로복지사업 활성화를 통한 인명 구제사업과 지역사회의 통합(복지형
자본주의적 사회적기업 지향)

●기업의 목적(추구하는 사회적 가치, Social Value)

• 취약계층과 장애인에게 '직업'의 기회를 제공함으로써 자아존중감 회
  복을 자극시킴으로써 사람의 존엄성을 회복
• 사회의 한 구성원으로서 스스로 살아갈 수 있도록 자립생활을 지원
  함으로써 건강한 지역사회를 구현하는 역할을 하고자 하는 것

●기업 도메인(Domain)

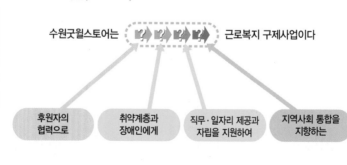

> ● 기업의 추구하는 가치관(Ethic)
>
> ・ 근로를 매개체로 잠재적 문제 혹은 사회적 문제를 예방 또는 근절
> ・ 개인의 창조적 능력과 자기 존중감 배양을 자극하여 자아실현과 사회구성원 역할화 지원
>
> ● 기업 비전(Vision, 목표, 2016)
>
> ・ 취약계층 적합 사업 – 농산물 재배 사업장(표고버섯, 곤충배양, 국화재배) 및 봉제공장 개설, 장애인 및 노인 그룹홈, 노인주간보호센터, 기타 장애인과 취약계층을 구제할 수 있는 사역(업)군
> ・ 총 1,350명(1,350가정) 고용과 연간 500억 원의 매출

2014년부터 경기도시공사에서는 전체 직원들을 대상으로 매월 '물품기증캠페인'을 추진하여 물품을 후원해 주고 있으며, 신한은행은 10년째 매년 1월 초 전사대회의 날에 맞춰서 전체 임직원 물품 기증 후원행사를 개최하고 있다. 그 외에도 국민은행경수지역본부와 삼성SDS를 비롯한 다양한 기업들이 자원봉사와 후원금 후원으로 협력하고 있다. 2015년 12월, 발달장애 청소년의 '고등학교 이후'를 위한 노래하는 일자리 'JL희망합창단'을 창단하여 활동하고 있으며, 2018년 3월에는 경기교육청이 주최하는 여러 꿈의 학교 프로그램 중 '발달장애 청소년의 노래를 찾는 꿈의 학교' 프로그램이 선정되었다. 2017년 10월, '수원굿윌스토어 JL이 전하는 가을 감사음악회'를 처음으로 개최하여 많은 감

>> 다양한 단체 · 기업에서 물품기증캠페인을 진행하는 모습

동을 선물하였다.

발달장애 청소년을 대상으로 하는 '노래하는 일자리 합창단사업부'는 다음 장에서 다루어 보기로 하고, 스토어 사업부에서 소속된 몇 사람을 소개한다.

직원 事例 1 │ 56세의 김하늘(가명, 남성)씨는 선천성 뇌병변 1급의 장애로 굿윌스토어수원이 설립되면서부터 함께 생활한 분이다. 걸음걸이가 위태하고 말하기가 굉장히 어려운 상태이다. 종이컵으로 커피를 마시는 것조차도 두 손으로 꼭 붙들고 겨우

홀짝이는 부자유스러운 분, 그러나 후원물품을 관리하는 재고 자료의 생성과 관리는 김하늘씨가 담당하고 있다는 사실은 정말 놀랍지 않은가?

직원 事例 2 | 35세의 오사랑(가명, 여성)씨는 뇌병변 3급의 장애로 태어났다. 어머님도 오빠도 태어날 때부터 같은 중증장애를 갖고 있다. 온몸이 비틀리고 똑바로 서있기도 어려운 신체적인 조건으로 두 손으로 숟가락을 꼭 쥐고 겨우 겨우 식사한다. 대화가 원활하지 못한 것은 두말할 나위 없다. 아버지가 누구신지 모를 정도로 그의 아버지와는 이미 오래전에 헤어졌다. 좁은 집안에 중증 장애인 가족들이 생활하고 있다.

굿윌스토어수원에서 오사랑(가명, 여성)씨를 처음 품었던 시기에 그는 3분 동안도 바로 서 있을 수 없을 정도로 허약했고 손님들과 눈을 마주치지도 대화할 수도 없는 상태였다. 자아존중감은 찾아보기 어려웠고 사람의 존엄성을 의식적으로 느껴보려고 해도 느끼기 어려웠던, 그야말로 자폐성이 매우 심각했다.

그런 그가 3년의 세월이 지나면서 사람들과 인사를 하고 대화를 하게 되고 물건 값을 계산하게 되고, 지금은 경희사이버대학교 경영학과 대학생이 되었으며 그 집안을 돌보는 가장역할을 하고 있다.

최근에는 웃지 못 할 상황이 종종 생긴다. 값을 깎아 달라, 상품 설명을 해달라는 등등 비장애인이 오사랑씨와 말씨름할 때가 종종 생긴다. 말씨름을 하던 비장애인 고객이 그가 장애인이라는 것을 나중에서야 알게 되어 무안해질 정도로 외형적으로 나타나는 오사랑씨의 모습에서는 비장애인과 차이점을 찾아보기가 어렵다. 굿윌스토어수원의 직업재활 시스템이 얼마나 놀라운지를 반증하는 것으로 봐주면 좋겠다.

직원 事例 3 │ 63세의 안희영(가명, 여성)씨는 후천성 뇌병변 2급의 장애인이다. 세상이 좁다할 정도로 열심히 살아가던 그녀에게 갑작스럽게 찾아온 뇌졸중으로 전신마비가 되었다. 물을 마시는 것도, 식사를 하는 것도 누군가의 도움 없이는 불가능했다. 죽음을 오가면서 수십 수백 차례 흘렸던 눈물은 커다란 물탱크 하나를 채우고도 남을 것이다. 하나님을 사랑한다던 마음은 온데간데없고 한여름 눈 내리듯이 예수님의 기적 같은 말씀들은 마음에 닿기도 전에 사라졌다. 차라리 죽음을 달라고 비통한 탄식으로 매달리던 어느 순간, 그 아름다운 강산(江山), 얼굴을 스치던 바람, 심지어 지붕이 날아갈 듯한 세찬 태풍조차도 그립고 아득한 사랑이었음을 깨닫는다. 죽고자 하는 마음과 살아보겠다는 마음이 혼란스럽던 어느 날, 죽지 못할 바에야 다시 살아보겠다고 다짐한다. 수원에는 광교산이 있다. 한겨울 인적이 없는 시간에 두 딸의 부축을 받아서 광교산자락으로 간다. 걷기 재활을 시작한 것이다. 사실 걷는 것이 아니라 썰매를 타듯 눈밭에서 미끄러지고 나뒹굴었다. 죽음이 아니면 걸을 수 있게 해달라는 간절한 기도는 그렇게 시작되었다. 온몸이 자유롭던 조건에서 순식간에 꼼짝할 수 없는 몸 그리고 겨우 한 걸음을 내딛게 되기까지의 극한의 고통스러운 과정을 어떻게 이해할 수 있을 것인가! 세월이 흘러 4차선 도로를 건널 수 있는 상태가 된다. 도로를 건널 때 신호등 3번이 바뀐다. 전신마비에서 길을 걷는다니, 그 모진 세월이 '기적'이다. 눈 쌓인 광교산 재활의지는 계속된다. 그의 놀라운 상태를 지켜보던 주변의 장애인 6명이 운동을 같이 한다. 그렇게 7명이 한겨울 얼어버린 산에서 나뒹군다. 꽁꽁 얼어버린 도시락을 먹으면서 서로를 격려하고 얼음장도 녹일만한 뜨거운 눈물로 서로를 위로를 한다. 그러던 어느 날 굿윌스토어 수원를 알게 되고 합류한다. 출근 첫날 버스 안에서 울고, 퇴근하는 길에도 하염없이 펑펑 울었다. 일을 할 수 있는 곳이 있다는 사실은 그동안의 모든 서러움을 씻어 주었고, 일을 마치고 돌아갈 집이 있다는 사실이 얼마나 큰 은혜인지를 깨달았다. 지금은 신체의 절반은 그나마 적절하게 기능을 한다. 그는 사람들이 지금을, 현재를 살아가는 모든 것이 기쁨이라는 것을 깨달을 수 있기를 바란다.

≫ 굿윌스토어수원의 스토어사업부 사역(업) 내용

- ●공유경제 활성화 사업(Sharing Economy Business)을 사역(업) 의 기본 메커니즘으로 삼고 있음
- · 재활용 및 재사용 수거와 판매사업
- · 시민교육체험 Platform 사업(자원봉사 홍보 및 실천 사업場 제공)
- · 사회 역할 인식 개선 활동– 나눔 · 봉사 · 재능기부 의식개선 홍보 활동
- · 직업교육 및 의식교육 사업– 은퇴인력 및 미취업자 대상 직업체험 교육을 통한 사회진출 플렛폼 역할(실버인력, 청년인턴, 장애인 직 업훈련, 기타)
- · 유통사업– 명절 선물세트, 기타 생활용품의 유통(제조 · 판매자와 소비자 간의 매칭matching 사업)
- · 청소용역사업– 공원청소용역사업, 건물청소와 거리청소 용역사업

우리 사회의 어느 곳에서도 받아줄 수 없는 사람들이 모여서 생활의 공동체를 이루고 운영되는 굿윌스토어수원은 올해로 벌써 13년이 되었다. 이렇게 할 수 있었던 것은 주변의 도움이 절대적으로 유지되었기 때문이다. 조직도를 살펴보면 내부 조직이 아닌 후원자, 자원봉사자, 자문단, 협력회 등 외부와 네트워크를 이루고 있는 조직들이 많이 보인다. 여느 사업이나 프로젝트를 시행할 때에 마찬가지이겠으나 굿윌 사역(업)을 추진하는 데에는 특히 면밀하게 검토해야할 사항들이 많이 있다. 사업성 분

믿음을 따라서 확신으로 경영하라

석과 사업의 추진 방법과 운영, 예측되는 문제들, 극복해야할 과제, 자금의 조달 과제 등 제반 사역(업)을 논의한다. 그래서 굿윌후원이사회가 구축되어 있다. 굿윌자원봉사단은 작업장과 매장, 심지어 사무실의 보조적 업무를 몸소 도와주는 분들의 모임이다. 기업 직장인, 관공서나 단체 소속 직원, 대학생과 청소년, 심지어 청소년 사회봉사자도 일손을 거든다. 이들은 장애인과 취약계층의 직원들이 하는 일들을 도와준다. 매년 약 1,700명의 봉사자들이 활동해 주고 있으며, 굿윌자원봉사단 풀(pool)에 포함된다. 굿윌봉사위원회는 자원봉사단과 유사하다. 그러나 수원의 중앙침례교회 복지사역국에 소속된 분들로 구성된 모임이다. 일손을 돕는 역할뿐만 아니라 심리적으로 혹은 정신적으로 고통이 있는 직원이나 직업훈련생 혹은 자원봉사자들을 위로하고 격려해준다. 합창단의 고문단은 합창단원들이 공연을 경험하고 큰 무대에 설수 있도록 후원하는 일과 홍보대사 역할을 하고, 케어협력회는 합창단원의 보호자로 구성되어 합창단원들이 필요로 하는 서비스를 지원한다. 특히 합창단의 봉사협력팀은 합창단이 활동하는 모든 행정업무들을 보조하고 있다. 행정, 홍보, 후생, 자원봉사, 돌봄파트(care part)로 구분되어 단원 돌봄과 간식, 공연기획, 합창단원의 움직임과 활동에 수반되는 절차와 담당 역할을 아우르는 제반 사항들을 협력하고 있다.

IV JL-HOPE CHOIR, WE ARE FOLLOWING
TO THE LIVING OF JESUS

발달장애 청소년의
노래하는 일자리
'JL희망합창단'

발달장애 청소년의
노래하는 일자리
'JL희망합창단'

노래하는 일자리 'JL희망합창단'이 생겨난 것은 극히 단순하고 준비된 우연이었다고 할 수 있다. 2015년 10월, 합창단의 축이 되는 두 사람이 우연히 길에서 마주친다. 굿윌스토어수원 대표와 합창단을 지휘하게 될 지휘자이다. 국내에 거주하고 있는 다문화가족을 대상으로 합창단을 지휘해 오던 지휘자는 다문화가족 합창단 활동이 여의치 않게 되자 고민을 해오던 터였다. 특히 합창단의 행정력이 뒷받침 되어주면 좋겠다는 욕구가 있었다. 그 소리를 굿윌스토어 대표는 그대로 받아들인다. 그리고 행정력은 보증하겠으니 발달장애 청소년을 대상으로 합창단을 만들어 보자고 다시 제안한다. 그렇게 두 사람은 일말의 거리낌도 없이 의기투합이 되었다. 그렇게 시작을 알리는 신호는 구체적인 실행 방법을 고민하게 된다.

창단 초기 합창단 연습

>> 노래하는 일자리 JL희망합창단의 창단 계획

● 합창단 창단 취지

• 어느 조직에도 집단에도 환영받지 못하고 어울릴 수 없는 청소년들이 있습니다. 사람으로 태어나서 살고는 있지만 그렇다고 온전한 지덕체를 갖췄다고 말하기 어려운 존재입니다. 어느 부류에도 어울리지 못하고 환영받지 못하는 이들이 있습니다. 우리는 그들을 발달장애청소년이라고 부릅니다. 근로 능력이 없고 사람으로서의 존재적 가치도 없어 보입니다. 인격(人格)은 말할 것도 없이 사람의 존엄(尊嚴)조차도 처우받기 어렵습니다. 부모님으로부터 지극한 사랑을 받았고, 초중고교의 배움의 과정을 거쳐서 이제는 배운 것을 활용하고 싶은 시기가 되었습니다. 그러나 어디에도 이들이 배운 것을 써먹을 수 있는 곳은 없습니다. 본능적으로 솟구치는 열정과 힘이 있음에도 불구하고 어떤 것으로도 의미를 발휘할 곳이 없습니다. 지금 우리 시대에 처한 발달장애 청소년의 현실입니다. 의미 없

이 살다가는 흙먼지 같습니다. 누가 이들더러 의미가 있는 인생이라고 말할 수 있겠습니까?

- 그들을 낳아주신 어머니들이 있습니다. 처음에는 기쁨으로 일군 가정이었습니다. 부모님의 뒤를 이어 세상을 살아갈 자녀들이니 무한히 사랑스럽습니다. 그러던 중 어느 날 아이를 데리고 병원을 다녀옵니다. 연이어 놀라운 사실을 알게 됩니다. 지적장애 1급 혹은 2급, 혹은 3급의 진단을 받습니다. 그때의 무너져 내린 심정을 누가 위로할 수 있을까요? 세상 어느 누가 이해할 수 있겠습니까? 그날 이후로 장애인을 둔 그 어머니는 살아있어도 살아있는 사람이 아니게 되었습니다. 그렇게 어머니는 자기의 삶을 잃었습니다.

- 삶의 짐이 다른 사람들이 있습니다. 온전한 신체와 실력을 갖추고 치열한 경쟁으로 부(富)와 권세를 취득하고 도움 없이 살아가는 사람들이 있습니다. 크든 작든 사회적인 영향력을 만들 수 있는 사람들입니다. 그들은 치열한 경쟁 세계를 동경하므로 낮은 사람들 비천한 사람들, 괴로움에 파묻힌 사람들과는 상황이 완전히 다른 사람들입니다. 그러면서도 때로는 실패하고 괴로워하는 일을 겪습니다. 그럴 때 사회적으로 좋지 않은 행태를 보이게 됩니다. 그렇게 실행되는 작은 실수들은 우리 사회 전체적으로는 커다란 부작용으로 부메랑이 되어서 풍선처럼 확대된 이슈로 나타나게 됩니다.

- 노래하는 일자리, 'JL희망합창단'은 이러한 사회적 문제들을 풀어내기를 희망합니다. 무능력한 사람들이 일을 갖게 되고, 인격이 영글지 못한 사람들에게 존엄성이 자극되고, 사회구성원들에게 좋은 일을 실천할 수 있는 의식을 가르치고 경험하게 해주고 누군가의 인생을 책임져야할 막중한 부담감을 짊어진 사람들에게 자유를 만들어 주고 싶은 희망이 있습니다.

- ● 합창단 사역(업)의 목적

- 일자리 제공을 통한 구제사업으로서 굿윌스토어수원의 설립 취지를 효과적으로 실현하기 위하여 '노래하는 일자리'를 통하여 인격을 회복하고, 자아실현의 희망을 갖게 하며, 주변에 '정의로운 정신'을 일깨워주어 지역사회 통합의 한 걸음걸이가 되기 위함입니다.
- 공유경제(Sharing Economy)를 근간으로 사업을 수행하는 굿윌스토어수원의 근로복지 사역 사업의 효과적인 홍보와 역할을 강화할 필요가 있습니다.
- 근로 능력이 없는 취약계층의 사람들에게 인간의 존엄성을 회복하고 자아실현의 의지를 자극하여 잠재적인 사회문제를 예방하고 우리 사회의 한 구성원으로써의 역할을 수행하도록 하기 위함입니다.
- EMR을 실현하기 위함입니다.
  - 'E', 나를 표현하라, 노래로!! Expression
  - 'M', 의미 있는 존재(삶)가 되라, 노래로!!! Meaningful Life
  - 'R', 어머니 삶을 돌려주자, 노래로!!!! Restore a mom's life to her. 반사회적인 언행이 아니라 '노래'로 자신을 표현할 것이며, 행복하고 즐겁게 열정으로 노래하여 그것을 매개로 자립하기를 바라며, 노래를 듣는 비장애인 청중들이 삶의 용기를 낼 수 있는 동기 부여가 되라. 희망을 다시 일으키는 의미 있는 존재가 되고, 스스로 생활을 영위하여 사람으로서의 존엄성을 회복하고 어머니 인생을 어머니께 돌려 드려라.

- ● 합창단원의 대상자

- 합창단원의 대상은 청소년과 청년(초등학생~39세의 연령)입니다. 그중에서 장애인 청소년(대부분 중증 지적장애인), 탈북민 자녀 청

소년(현실 부적응으로 어려워하는 청소년), 교실 밖 청소년(각종 사유로 학교를 떠난 문제성 있는 청소년)을 구체적인 대상자로 합니다.

● 합창단 사역(업)의 내용

• 합창단 노래(성악) 훈련을 합니다. 합창단원의 호흡법과 성악교습, 파트별 성악을 훈련합니다.

• 합창단 악기 연주를 훈련합니다. 플룻, 피아노, 기타, 드럼, 클라리넷 등 악기 연주 훈련을 합니다.

• 합창단 홍보 책자를 편찬하고 홍보합니다. 합창단원 및 보호자의 수기를 모으고, 에세이 책으로 묶어서 발간하여 합창단을 더욱 의미 있게 살려냅니다.

• 합창단 합창 공연이 있을 시에는 합창 공연 장소를 섭외하고, 이동교통편 및 부대사업, 공연 시 식음료 지원, 공연 기획(합창, 뮤지컬, 앙상블 등 다양한 형태의 공연 기획) 등의 일을 진행합니다.

• 합창단원 돌봄 서비스팀을 두기로 합니다. 합창단원 돌봄(Care Service), 심리분석 · 상담 · 돌봄 등등의 사역(업)이 있습니다.

● 합창단 사역(업)으로 기대하는 효과

• 일자리 창출 90개, 사회봉사직 90개, 재능기부 사회봉사직 13개의 직무를 창출해 낼 수 있습니다. 우리가 70년에서 90년을 살게 되는 인격체(人格體)들 임에도 불구하고 경쟁사회에서 요구하는 근로 능력이 전혀 없는 청소년(장애인, 교실 밖 청소년, 탈북민 중 현실 부적응 청소년) 취약계층에게 '사회적인 역할'을 갖게 해 줄 수 있습니다. 그들은 각자가 맡은 역할에 따라서 '옷을 입거나 정리'하던 평소의 생활처럼 '직업'(직무)을 수행하게 됩니다. 그렇게 '자립'(自

立)을 연습하고 이루어나갈 수 있습니다. 근로 능력이 없는 사람들이 스스로 생존에 필요한 물품을 조달할 수 있다는 것 자체만으로도 크나큰 의미가 있겠습니다만, 이것은 '생존의 자립' 그 이상의 의미를 담고 있습니다. 그것은 인간의 격(人格)이 만들어 질 수 있게 하고, 자아실현(自我實現)의 가치 추구를 기대할 수 있게 합니다. 그러한 현실에 처한 이들에게 사회적 역할을 부여하고 직업을 만들어서 스스로 생활할 수 있게 한다는 것은 한 사람의 존엄성을 존중하고 회복시키며 자아실현을 하도록 해서 우리 사회에 기여하는 인생(人生)으로 변화되게 한다는 희망입니다.

• 현실이 고통스럽고 미래의 삶이 근심스러운 90명의 청소년과 청년들에게 '생활의 웃음'을 선물할 수 있습니다. 합창단원 1명에게는 보호자(주로 모친 母親) 1명과 그 보호자의 배우자 1명 그리고 최소 1명 이상의 자녀가 한 가족을 구성하고 있습니다. 그 가정에 장애인 자녀가 있다는 것은 그 가족이 한평생 안고 살아야할 짐이 됩니다. 역(逆)으로 생각하면 합창단원 1명에게 할 일(노래하는 직무)을 부여한다는 것은 나머지 가족 구성원들에게 그만큼 자유가 되고 기쁨이 되고 희망이 됩니다.

• '긍정 인식의 터전'으로서의 '사회적 행복 양성' 플랫폼 역할을 하게 됩니다. 내가 하는 선행은 무의미(無意味)하고, 언론에 소개되지 않고, 칭찬도 격려도 없는 반면, 어떤 권세 있는 사람이 하는 선행은 언론매체에 대서특필 됩니다. 결국 개인의 선행은 의미를 부여받지 못한 채 점차 사라져가고 개인을 표현하는 '이권, 주장, 요구'는 더 강력하게 표출되는 시대입니다. 이러한 사회적 현상 하에서 노래하는 일자리 'JL희망합창단'은 사회 구성원들의 봉사활동을 스스로 자랑하게 하고 그들 개개인의 작은 선행이 보람 있는 행위라는 것을 인식시켜 주는 사회교육의 장(場)이 됩니다.

• 연중 10회의 공연에 공연마다 100명 이상의 청중들이 있습니다. 누

구도 반갑게 맞이해 주지 않는 근로 능력이 현저하게 모자라는 합창단원들이 '희망차게 노래하는 것'을 지켜보는 청중들에게는 삶의 새로운 동기부여가 될 것입니다. 인생의 실의(失意)에 빠진 사람들, 가진 재물과 권력으로 힘쓰려 하는 사람들, 여타의 사람들에게 선(善)한 사회적 의식(意識)을 자극하고 권면하고 힘을 돋우는 기회가 될 것입니다.

• 90명의 어머니들에게 삶을 되돌려줄 수 있습니다. 통상 3살~4살 때 1급, 2급 혹은 3급의 장애판정을 받습니다. 장애진단을 받은 그 날 병원을 나서는 어머니의 심정은 그야말로 하늘이 무너집니다. 길바닥에 그대로 주저앉아서 하늘을 원망합니다. 하늘이 노랗고 지나가는 자동차 소리는 아득한 꿈속의 울림 같을 뿐, 비 오듯 쏟아지는 눈물은 옷소매를 흥건하게 적십니다. 그날 이후로 15년~20년의 어머니 인생은 사라졌고, 더 절망적인 것은 앞으로도 그 아이가 살아갈 최소 50년을 지금처럼 살아가야 한다는 불길함입니다. 어머니의 삶은 더 이상 사람답다고 하는 아름다운 인생(人生)이 못됩니다. 그래서 노래하는 일자리 합창단이 시작됐습니다. 스스로 노력해서 자립하고, 묶어 두었던 어머니를 묶고 있는 시간을 하루 24시간에서 20시간으로, 14시간으로 혹은 8시간으로 점차 줄여나감으로써 어머니 인생을 돌려드리려는 것입니다.

그렇게 시작된 굿윌스토어 대표와 합창단 지휘자의 공통된 고민 끝에 다방면으로 후원자를 찾기 시작한다. 수십 개의 기업과 수십 명의 사람들에게 사역(업)의 취지와 후원금 모금 활동을 펼치게 된다. 그리고 신한은행 본사의 사회공헌부서에서 본 사업

의 취지에 공감하여 사내 직원 대상으로 십시일반 후원금 모금
을 전개한다. 그렇게 해서 모인 금액이 3,410,000원이었고 그
금액으로 합창단 운영계획을 다시 편성한다. 그리고 23명의 발
달장애 청소년과 청년을 모아서 2015년 12월 노래하는 일자리
'JL희망합창단'을 창단한다.

　'JL'은 'We are following to the living of Jesus'의 축약된
표현으로 '예수님을 닮아가는 삶'을 추구한다는 의미이다. 합창
단의 성격과 취지를 알고 유명 디자이너가 심볼(symbol)을 선물
해 주었다. 단체복이 없어서 있는 옷을 추슬러 입고 무대에 서게
되는 것을 알고 굿윌후원이사회 회장이 3백만 원의 단체복 비용
을 후원하고, 굿윌자원봉사단의 봉제 사업을 하는 분이 단체복

의 제작과 부수적으로 필요한 의상들을 후원하였다. 이렇게 출범된 발달장애 청소년의 노래하는 일자리 'JL희망합창단'은 곧바로 굵직한 무대에서 축하공연을 시작했다.

≫ JL희망합창단 예산 계획서

(회계기간: 1월~12월 / 단원: 90명 / 케어협력회 90명 / 강사진 13명)

항목	금액
1. 수입금	130,720,000
2. 운영 · 관리비	33,520,000
식대(간식비_단원)	8,640,000
식대(식대비_단원)	10,080,000
차량(차량임차비)	800,000
차량(주유비)	1,800,000
관리(사무용품비)	1,800,000
관리(일반관리비)	2,400,000
관리(수도광열비)	1,800,000
관리(기타 관리비)	1,200,000
관리(통신비─전화.인터넷)	1,800,000
임차(공연장 임차비)	3,200,000
기타 항목들	─
3. 운영관리비─수익금 계	97,200,000
4. 훈련 수당 및 교육비	97,200,000
훈련수당(1군)	36,000,000
훈련수당(2군)	32,400,000
훈련수당(3군)	28,800,000

기타 항목들	–
5. 수익 비용 수지	0
6. 특별 수익	0
7. 특별 비용	0
8. 수익금 비용 수지	0
9. 잔액, Balance	0

(세부적인 계정과목은 생략함)

≫ JL희망합창단 연혁

2015년 12월 17일	창단
2016년 12월	합창단 조직 구성(후원단, 봉사협력팀, CARE협력회)
2016년 2월 24일	수원시사회적기업협의회 정기총회 식전공연
2016년 3월 23일	국민은행 수원지역본부 노사화합의 장 식전공연
2016년 4월 20일	스완슨기념유지재단 중앙양로원 위문공연(장애인의 날)
2016년 5월 31일	경기경찰청 기동단 신병교육대 위문공연
2016년 7월 4일	제4회전국발달장애인합창대회참가(장려상, 지휘자상 수상)
2016년 12월 6일	수원지방법원 조정위원회 송년회 축하공연
2017년 1월 16일	수원시사회적기업협의회 정기총회 축하공연
2017년 4월 23일	제37회 장애인의 날 축하 공연
2017년 7월 3일	제5회 전국발달장애인합창대회참가(장려상 수상)
2017년 7월 21일	제10회 전국장애청소년예술제 노래부문 최우수상(JL중창팀)
2017년 10월 12일	'JL이 전하는 2017가을 감사 음악회' 단독 음악회 개최(청소년문화센터 온누리 아트홀)

중앙양로원 어르신 위로공연(2016년)

수원시사회적기업협의회 정기총회

국민은행경수지역본부 노사화합

경기지방경찰청 기동단 훈련생 수료식

제37회 장애인의 날 행사

경기도사회적기업협의회 가족체육대회

사랑과 희망의 콘서트 연합공연

제5회 전국발달장애인합창대회

제10회 전국장애청소년예술제

장애인식개선 힐링콘서트(2016년)

제18회 사회복지사의 날 기념 수원한마당

특이할만한 것은 합창단의 조직 구성이다. 합창단은 합창단원을 지도하는 역할로 〈지휘단〉, 합창단의 운영과 활동을 지원하는 〈행정팀〉이 구분되어 서로의 역할을 수행한다. 지휘단은 단원 한 사람 한 사람의 특성에 맞게 발성과 노래와 악기를 가르친다. 실력과 인품이 갖춰진 이유가 있기도 하지만, 지휘자 특유의 포용력과 너그러움은 합창단원 개개인이 합창을 사랑하게 만드는 힘이 된다. 행정팀은 각종 공모사업과 후원자 개발, 공연 발굴과 기획, 합창단의 제반 운영 계획을 수행한다. 합창단원의 보호자로 결성된 케어협력회는 행정팀을 보조하여 일반 행정업무를 비롯하여 홍보, 후원자 개발, 간식 지원, 식사 지원, 단원 돌봄, 지휘단과 강사진의 필요사항들을 보조하고, 외부 공연이 있을 경우에는 공연기획은 물론 움직이는 모든 동선과 필요사항들을 점검하여 준비하고 각자의 역할을 배분한다.

》 행사 계획표

합창단 공연 운영 계획서			
일 시	2017. 09. 29.	장 소	청소년 문화센터 온누리홀
참가인원	합창단원 42명	교 통 편	개별 차량 이용
시 간	18:40~21:00	소요시간	2시간 20분(총소요시간: 4시간)

일 정	17:00 ~ 　　　청소년 문화센터 온누리홀 집합
	17:00 ~ 17:10　인원 점검, 화장실 다녀오기
	17:40 ~ 18:20　저녁식사(40분)
	18:20 ~ 18:30　단복 입기, 인원점검, 화장실 다녀오기
	18:30 ~ 18:40　공연 객석에 착석
	18:45 ~ 19:00　식전공연
	19:00 ~ 19:20　1부 기념식
	19:20 ~ 21:00　2부 장애 인식 개선 페스티벌
	21:00 ~ 　　　개별 귀가지도

공연 전 역할 내용

1) 17:00~17:10 인원 점검(각팀별 팀장–돌봄팀장 최종확인)

2) 17:10~17:30 공연 리허설 자리배치 및 입장, 퇴장 인솔(역할팀: 돌봄팀)

3) 17:30~17:40 공연 리허설 합창(변OO 지휘자)

4) 17:40~18:20 저녁식사(역할팀:후생팀, 자원봉사팀)

　① 지원–샌드위치(보호자),미니햄버거(단원)

　② 케어협력회–김밥(60줄), 음료, 커피외 차류, 종이컵, 물티슈, 휴지 준비(역할팀: 홍보팀)

　③ 국물–된장국, 국볼, 1회용 숟가락, 국자(준비: 부회장 이OO)

5) 18:20~18:30 단복 입기, 인원 점검, 화장실 다녀오기(역할팀: 돌봄팀, 후생팀)

6) 18:30~18:40 단원 객석 착석(역할팀: 돌봄팀)

공연 시, 공연 후 역할 내용

7) 공연 시 입장, 퇴장(역할팀: 돌봄팀)

　① 별

　② 당신은 사랑받기 위해 태어난 사람

8) 21:00~ 개별 귀가지도 (각 팀별 팀장이 확인)

- 모임 장소: 청소년 문화센터 온누리홀
- 저녁식사, 간식지도 – 후생팀, 자원봉사팀
- 안전 지도
  1) 공연 시 주의할 사항에 대해 단원들과 미리이야기나눈다(역할: 케어협력회장)
  2) 공연 시 공연 장소에 대한 특수성과 유의 사항, 질서, 공중도덕 등 여러 사람이 모이는 곳에서 지켜야 할 예절에 대해 지도한다(역할: 돌봄팀장, 자원봉사팀 지원)

- 최종점검
  케어협력회 회장 및 부회장과 총무, 봉사협력팀의 각 팀별 팀장들은 공연 연습 결과 부진한 사항 보완하기

※ 모든 행사는 진행에 있어 상황에 따라 일정에 변경이 있을 수 있음.

이런 과정을 정착시키기까지는 많은 우여곡절을 겪게 된다. 첫 번째 넘어야할 문턱이 보호자들의 심리상태이다. 평생을 자녀 뒷바라지 하면서 쉼 없이 숨차게 자기의 인생을 몰아쳐 댄 분들이다. 직장생활을 마치고 귀가하면 아이를 씻기고 먹이고 입히고 잠자리 준비를 해주고, 혹여나 경기(驚氣)라도 일으키는 날이면 한밤중에 구급차를 타고 중환자실로 직행한다. 경우에 따라서는 집 근처가 아니라 서울까지 내달려야 한다. 그리고는 다음날 다시 출근하고 병원으로 퇴근하고 주말에는 도움이 된다고 하는 재활훈련이 있는 곳이면 어디든 마다하지 않고 달려간다. 그러기를 10여 년 혹은 30여 년을 반복해 왔다. 그렇게 힘겨운 생활을 하는 분들이 행정, 홍보, 후생, 자원봉사 등등의 온갖 일

을 한다는 것에 대한 심리적인 압박은 거셀 수밖에 없다. 두 번째 문턱은 솜씨이다. 저마다 할 수 있을 만한 역할을 찾아서 일을 맡게 되지만 평소에 다져놓은 솜씨가 있지 않고서는 일을 해낼 수가 없다. 오히려 감내할 수 있는 스트레스를 넘어서게 되어 부작용이 나타날 우려가 크다. 세 번째 문턱은 서로간의 협력이다. 두 사람 이상이 모여서 어떤 조직을 형성하게 되면 그때부터는 한 사람이 움직이는 것에 준하는 조직운영 시스템이 필요하게 된다. 그런데 케어 협력 회원 42명의 조직다운 움직임을 기대하기가 매우 어렵다. 네 번째 관문은 사고방식(思考方式)의 다양성(多樣性)이다. 자녀를 키우면서 겪었던 서글픔이나 상실감이 천차만별이며, 삶에서 이겨낸 과정과 그 정도가 제각기 다르다. 그런 다름에서 나타나는 상황의 이해력이 다르게 나타나고 그것은 소란으로 확산되는 경우도 발생한다. 그럼에도 발달장애청소년의 노래하는 일자리 JL희망합창단 케어(care)협력회 소속 보호자들은 그 모든 우여곡절을 잘 극복해 내었고, 급기야 2017년 10월 단독 음악회를 성공적으로 개최한다. 국회의원회관에서 치러지는 제5회와 제6회 전국발달장애인합창대회에서 장려상을 수상하고, 2017년 7월 제10회 전국장애인예술제에서 합창단의 중창팀이 노래부문 최우수상을 수상하여 지역사회에서 가장 유명하고 아름다우며 합류하고 싶어 하는 합창단이 되었다.

'**JL희망합창단**' 단원이 전하는 이야기

■ 단원: 박무롱(2002년생, 지적장애 3급)
■ 글: 이상희(어머니)

이야기 하나

우리 무룡이는 2002년 5월18일에 태어났다. 여느 아이들과 다름이 없이 아주 지극히 평범한 아이였다. 자라면서 9개월쯤 되었을 무렵, 감기가 너무 심해서 병원에 입원한 일이 있다. 그런데 퇴원 후 아이의 머리가 점점 부어오르면서 이상했다. 다시 찾아간 병원에서는 원인도 병명도 알아내지 못했다. 한 손에 들어오는 작은 아이를 CT와 MRI까지 찍으면서 속수무책으로 의료기기에만 맡겼다. 눈앞에 아픈 아이를 두고 아무것도 할 수 없었던 나는 검사가 진행되고 수술대 위에 놓인 아이를 바라보면서 많이많이 그렇게 아주 많이 하염없이 울었다. 일하러 다니느라고 아이를 돌보지 못한 내 탓인 것 같았다. 9개월 된 아기, 8시간의 긴 수술을 받았다. 중환자실로 올려 보내고 나는 매일 매일 아이의 젖병을 들고 갔다. 조금이라도 먹길 바라며….

하늘이 알아주셨을까, 다행스럽게도 아기는 생명의 끈을 놓지 않았다. 조금씩 먹기 시작했고 며칠 후에는 불행 중 다행으로 일반 병실로 옮겨졌다. 병원에서 두 달이 지났다. 그냥 생명 연장하는 정도로만…. 병원에서는 퇴원을 해도 살아나기 어려울 것 같다고 했다. 급기야 다른 병원을 알아본 후 다시 시작한 병원생활, 수술을 다시 해야 한다고 해서 옮긴 병원에서 재수술하고, 또다시 한 달이 지난 후에 퇴원을 해도 되겠다는 이야기를 들었다. 그렇게 우리 무룡이는 첫돌을 병원에서 보냈다. 뇌수술에 따른 동반 장애가 제발 없기만을 소원했지만 동반장애는 당연했다.

엄마라서 용기 있게 버티고는 있었지만 일상적인 생활이 시작되고 나서 무룡이와 가족들은 많은 것을 감당해야 했고 함께 이겨내야 했다. 병원에 입원했을 때 제발 살아나기만을 바라던 마음이 이제는 조금씩 다른 마음으로 변하고 있었다. 조금만 걸었으면, 한번만 말을 했으면, 나하고 눈을 마주보고 이야기를 해주었으면 하는 마음으로 점점 변해가고 있었다. 그렇게 시작한 무룡이의 재활, 한걸음이라도 걸었으면 하고 시작한 수치료, 언어치료, 놀이치료, 미술치료…. 하루를 한 달처럼 뛰어다니면서 여러 개의 치료를 받기 위해 사설기관이든 복지관이든 도움이 될 만한 모든 기관을 찾아가서 대기하고 치료받으면서 시간은 흘러갔다.

무룡이에게 동생이 생겼다. 그런데 덩달아서 무룡이의 퇴행도 나타났다. 처음부터 다시 하는 기분, 한번 겪은 길 다시 시작하는 것은 숨이 막힐 정도로 쉽지 않았다. 육체적인 고통뿐만 아니라 정신적인 고통은 어떻게 표현할 수 없을 만큼 컸다. 동생을 따라서 다시 기저귀를 차고 대소변 가리기부터 시작했다. 앞으로는 동생을 안고, 등에는 무룡이를 업고 그러면서 다시 시작하는 재활! 이 세상의 어머니는 모든 게 가능한가 보다. 5살 때 처음 간 어린이 집에서 두 달 만에 나와야 했다. 다른 친구들이 싫어해서 어머니들의 민원이 너무 많이 들어온다고, 같은 아파트에 사는 사람들이 너무 미웠고 싫었다. 멀리 다른 어린이집을 알아보고 매일 출퇴근을 시켰다. 뒷좌석에 카시트 두 개를 놓고 무룡이와 동생을 태우고 매일 어린이 집과 치료실을 다녔다. 동생은 조금 일찍 엄마와 떨어지는 연습을 했다. 미안했지만 동생에게도 다른 세상이 있다는 걸 알려줘야만 했다. 동생은 복지관에서 매일 보는 장애인 형들과 누나들을 편하게 받아들이면서도 장애를 이해하기에는 너무 어렸기 때문에 좀 더 크면 이해하리라 믿으면서.

무룡이가 초등학교에 입학할 때도 순탄하지 않았다. 집 근처 학교에서는 도움반을 만들 수 없다고 해서 자동차로 이동하는 원거리 학교로 입학을 결정했지만, 그 학교에서도 탐탁해 하지 않았다. 근교 학교로 가라는 교장 선생님의 말에 화가 났지만 '도움반을 만들고 그 곳에 입학할 수 있게 해달라'고 하고는 입학 서류를 놓고 왔다. 무식하고 용감한 엄마다. 초등학교 6년을 열심히 다닌 무룡이, 많은 일이 있었고 그걸 견디고 단단해지면서 많은 성장을 했다.

많은 사람들의 이상한 눈초리와 놀림 때문에 마음의 상처를 받고, 그 상처가 마음속의 흉터를 만들었다. 중학생이 된 지금, 어느덧 그 흉터는 조금씩 흐려지면서 무룡이와 나는 함께 새로운 성장을 하고 있고, 어려움을 이겨내고 있는 중이다.

무룡이가 중학생이 되면서 '장애인의 미래설계'라는 교육을 받았다. 그 교육을 받으면서 우리 아이가 성인이 되면 대한민국 사회의 일원으로서 함께할 수 있는 준비를 해야 한다는 걸 인식하게 되었고, '막연했던 미래'가 곧 '코앞으로 다가올 미래'라는 걸 배우는 뜻깊은 시간이었다. 그냥 다가오는 미래를 맞이하기 보다는 스스로 조금씩 준비한 미래는 분명히 다르다는 것을 우리 무룡이에게 가르쳐 주고 싶다. 지금부터라도 무룡이가 할 수 있는 일을 만들어 주고, 여가 생활을 할 수 있는 사람으로, 사회의 한 사람으로 살아가도록 준비할 수 있도록 나는 항상 옆에서 버텨줄 것이다. 쓰러지지 않을 것이다. JL희망합창단에서 무룡이가 사회생활을 맛보게 되기를 바라며, 이것이 기반이 되어 다른 사람들에게도 기쁨을 주고 그 기쁨으로 인해 자기 스스로에게도 행복을 만들어 주는 사람이 되기를 바란다. 지금 무룡이는 15세가 된다. 어떻게 발전해 나갈지 알 수 없지만, 조금씩 계단을 오르듯이 천천히 발전해 나가길 바라본다.

■ 단원: 송준호(2001년생, 자폐성지적장애 1급)

■ 글: 우윤정(어머니)

　아이들을 엄청 좋아하는 저에게 예쁜 아기가 태어났습니다. 너무나 사랑스러웠습니다. 눈에 넣어도 아픔을 느끼지 못할 것처럼 사랑스러웠습니다. 그런데 개월 수가 누적되면서 뭔가 다른 기분이 들었고, 24개월이 될 무렵 다른 아이들과 다르다는 느낌이 강했습니다. 병원을 찾아갔습니다. 언어치료와 놀이치료를 권유하면서 치료에 도움이 되는 장애복지 카드를 만들어 주겠다고 합니다. 하늘이 무너지는 느낌을 받았습니다. 정말 먹고 죽으려고 해도 가진 게 없고, 어느 한 사람 의지할 곳이 없던 저에게 너무 큰 충격이었습니다. 15층에서 1층을 내려다봐도 무섭지가 않았습니다. 거짓이 아닙니다. 15층 아파트 높이가 전혀 느껴지지 않았습니다. 아이와 함께 죽고 싶다는 생각, 정말 많이 했습니다. 간간히 들려오는 장애인 부자(父子), 장애인 모녀(母女)의 동반 사망 소식이 아무런 거치는 것 없이 마음속에 잘 이해가 되었습니다.

　시간이 약이라는 말이 있듯이 마냥 죽고만 싶어 하던 저에게 생각 없는 오기(傲氣)가 생겼습니다. 아이가 하루하루 성장하면서 이 아이에게 친구를 만들어 주고 싶다는 생각이 들었고, 4살이 되던 해에 무작정 큰 교회를 찾아갔습니다. 그날부터 교회를 다녔습니다. 신앙생활을 했지만 마음속에 깊이 자리를 잡아버린 허전함은 채울 수도, 모면할 수도 없었습니다. 하나님을 믿는다고 말로는 중얼댔지만 그렇게 목청 높여 외쳐 대는 하나님은 느낄 수가 없었습니다. 그렇게 몇 년이 흘러간 어느 날, 아이가 초등학교 입학을 앞두고 있을 때 우연히 수원 에 집을 구입했는데 임대가 되지 않아서 하는 수 없이 수원으 로 이사를 했습니다.

교회에 나가서 친구를 사귀도록 해 주겠다는 생각으로 집 가까운 교회에 가보았지만 장애 아이들에 대한 편견이 심해서 편견으로부터의 평안을 '갈망'(渴望)하던 때에 아래층에 살고 계시는 분의 소개를 받아서 중앙교회에 발을 들여놓게 되었습 니다. 우리 아이와 유사한 아이들이 모여서 예배하는 '사랑부' 예배가 있어서 좋았습니다. 아이는 사랑부 예배에, 저는 일반 회중 예배에 참석했고, 오랜 만에 아이와 떨어져서 드리는 예 배가 좋았습니다. 잡념이 없이 집중해서 하나님을 찾을 수 있 어서 좋았고, 하나님 곁으로 더 가깝게 다가서서 예배하는 것 같아서 행복했습니다.

'나에게 왜 이런 힘든 일이 생길까?' 하는 질문을 수도 없이 했습니다. 아마도 장애 아이를 두고 있는 부모는 두말 할 나위 도 없이 수십, 수백, 수천 번 외쳐봤을 질문입니다. 불평과 불 만이 가득했습니다. 저의 나그네 인생길은 불평과 불만으로 자국이 나있습니다. 그렇다고 별다른 도리가 없었기에 신앙생 활을 하려고 열심을 내었고, 기도하며 눈물로, 마음으로 부르 짖었습니다. 더러는 기도 응답을 받았습니다. 기도 응답을 받앗을 때 느끼는 희열(喜悅)은 그저 그냥 저를 울렸습니다. 펑펑 울렸습니다. 그러면서 불평과 불만으로 자국 난 삶의 길바닥은 감사(感謝)로 씻겨 지기 시작했습니다.

처음 초등학교 입학했을 때 아이는 순하고 착했는데, 학교에서 울고 눕고 고집피우고 떼쓰는 모습에서 또다시 제 마음의 평안은 보란 듯이 허물어졌습니다. 아이를 양육하기가 너무나 힘겨워서 특수학교에 보내려고 알아보던 차에 아이의 담임 선생님이 한 말씀 툭 던집니다. "어머님, 힘내시고 하나님을 의지하십시오." 그러면서 반 친구들과 선생님을 위해서 기도해 주면 가장 좋겠다고 하셨습니다. 위로하고 격려해 주신 선생님의 말씀이 지쳐있는 저에게 힘이 되고 응원이 되었습니다. 소설책에서 보던 천군만마(千軍萬馬)의 응원군이 이런 느낌인가 싶었습니다.

그렇게 살다 보니 하나님께서 눈물로 새긴 고마운 분들도 보내 주시고, 표현할 수 없이 감사한 분들도 보내 주셨습니다. 그런 분들 때문에 지친 마음을 달래고 주저앉을 것만 같았던 세월을 무난하게 지나왔습니다. 그분들의 따뜻한 마음을 겪으면서 하나님을 경험했습니다. 하나님은 저에게 늘 힘을 주실 때마다 간접적으로 누군가를 만나게 해주시고, 믿음의 사람을 붙여 주시곤 하셨습니다. 저는 그때 하나님을 만나지 못했더라면 어떤 생활을 하고 있었을까 생각해보면 너무 무섭다는 생각이 듭니다. 가족보다 더 믿고 의지하고 제 마음을 다 아시는 주님이 있어 말할 수 없이 감사하고 힘이 됩니다. 가끔 힘이 많이 들 때도 있습니다. 하지만 하나님께서 더 좋은 길로 인도해 주시는 거라고 믿으면서 인내합니다. 하나님을 만나 불평의 생활이 아니라 감사가 넘치는 생활로 살아갈 수 있다는 것이 제일 행복합니다. 아이가 장애를 갖고 태어났지만 장애가 아닌 재능을 가지고 열심히 살아가길 원합니다. JL희망합창단을 만들면서 사회에 소외되어 있는 이 아이들이 희망을 갖고 열심히 노래 부르며 함께 공동체 안에서 서로 사랑하고 협력하여 하나님을 기쁘시게 하고 영광 돌리며 살아가도록 간절히 소망합니다. 감사합니다.

■ 단원: 이용규(1994년생, 자폐성장애2급)

■ 글: 김영란(어머니)

용규는 엄마를 따라서 5살 때 처음으로 교회에 다니게 되었습니다. 또래 아이들은 말을 했지만 용규는 떼쓰는 것과 우는 소리로 언어 표현을 했지요. 아~ 참 많이 힘들고 슬플 때였습니다. 신앙생활은 열심히 하고 있었음에도 하나님과의 인격적인 만남은 많지 않았습니다. 그러던 어느 날 성경 말씀을 읽는 중에 요한복음 9장 1절~3절([1]예수께서 길 가실 때에 날 때부터 소경된 사람을 보신지라 [2]제자들이 물어 가로되 랍비여 이 사람이 소경으로 난 것이 뉘 죄로 인함이오니이까 자기오니이까 그 부모오니이까 [3]예수께서 대답하시되 이 사람이나 그 부모가 죄를 범한 것이 아니라 그에게서 하나님의 하시는 일을 나타내고자 하심이니라)의 말씀에 은혜를 입어 용규를 향한 죄책감에서 자유를 얻게 되었고, 그것이 하나님의 하신 일을 나타내고자 하는 것이라는 말씀에 소망을 갖게 되었습니다.

그 후 용규를 향한 저의 생각과 마음이 긍정적으로 변화됐고, 용규가 무엇을 좋아 하는지에 관심을 갖게 되었습니다. 그래서 주변에서 쉽게 다닐 수 있는 미술, 수영, 태권도, 웅변, 스케이트 등 여러 가지를 해 보게 되었는데 의사소통과 이해의 부족으로 끝까지 할 수 없어 아쉽게도 그만 두게 되었습니다. 마음의 실망이 컸지만 '여호와 이레 하나님'께서 반드시 더 좋은 길로 인도하실 거라는 믿음을 가지고 생활하던 중 용규가 노래나 음악을 들으면 흥얼거리며 음감을 잘 기억한다는 것을 발견하게 되었습니다. 그래서 고등학교 2년 동안 피아노를 가르쳐 악보를 읽는 방법과 박자를 익혔고, 지금은 중앙교회 해피투게더 평생교육원에서 취미로 드럼을 10년째 꾸준히 하고 있습니다.

무엇보다 마음속에서 우리 교회에도 장애인 친구들이 모여 노래를 하면 참 좋겠다고 생각하고 있었는데 굿윌에서 장애인 합창단이 창단된다는 소식을 듣게 되어 기쁜 마음으로 지원하게 되었습니다. 우리 용규는 노래하는 것을 좋아합니다. 우리 용규가 즐거워하는 일을 할 수 있었으면 좋겠습니다. 마지막으로 장애인 합창단을 통하여 많은 사람들에게 복음을 나타내고 사람들의 마음을 감동시킬 수 있는 일들을 하도록 기도하겠습니다. 이 모든 일 가운데 하나님께서 함께하심을 믿으며 하나님께 영광 돌립니다. 감사합니다.

■ 단원: 이동재(1995년생, 지체장애 2급)

■ 글: 김영미(어머니)

동재는 주일 아침에 태어났습니다. 울음소리는 들리지 않았습니다. 곧바로 중환자실로 입원했고, 그 일로 놀란 마음에 처음으로 새벽기도를 시작했습니다. "이 아이가 이대로 죽게 되면 평생의 한(恨)이 될 텐데, 너무 불쌍하잖아요? 살려만 주신다면 어떤 모습이든 받아들이고 잘 키우겠습니다. 살아서 들을 귀만이라도 주세요." 눈물로 수없는 세월을 보내던 어느 날 새벽, 지금까지 느껴보지 못했던 평안이 느껴졌습니다. '이런 게 응답인가? 정말 새벽에 만나주시는 하나님이신가?' 하는 생각이 지금까지 매일 새벽 주님께로 이끌어 주고 있습니다.

동재의 장애로 누구를 만나도 무장 해제가 되고 동재와의 일들을 이야기하며 자연스럽게 복음을 전할 수 있게 되었습니다. 어느 순간 깨닫게 된 사실은 '동재의 장애는 하나님이 특별히 주신 은사'라는 것입니다. 그것을 깨달은 이후로 동재의 불편한 몸은 더 이상 저에게는 장애가 아니라 '하나님의 선물이고 축복이고 좋은 은사'가 되었습니다. 동재가 찬양하는 모습 속에서 은혜를 받았다고 말씀해 주시는 분들이 하나둘씩 생겨나면서 제가 덩달아서 용기를 갖게 됩니다. 저의 고민들은 동재의 찬양 속에서 응답을 찾게 되고 용기를 갖게 됩니다. 같은 찬양을 한 번도 싫증내지 않고 한결같이 부르는 모습 속에서 저의 변화무쌍한 믿음이 부끄러울 때도 있습니다. 하나님은 동재와 함께 새로운 일을 JL희망합창단을 통해서 하실 것을 믿습니다. 감사합니다.

■ 단원: 황종배(1994년생, 자폐성언어장애1급)
■ 글: 박명숙(어머니)

이야기 다섯

　종배는 지금 스물세 살입니다. 태어날 때부터 장애를 가지고 태어났습니다. 어렸을 때는 노력하면 좋아질 거라는 희망이 있었어요. 그러나 초, 중, 고교를 졸업하면서는 어느 순간 비장애 아이들과는 더 이상 간격을 좁힐 수 없겠다는 한계(限界)를 알게 되었죠. 늘 또래 친구들을 좋아해서 가까이 가고 싶었으나 현실은 그리 만만하지 않았습니다. 그래서 늘 혼자였고 외로웠습니다. 체육시간에 친구들과 함께 있고 싶어서 가까이 갔다가 친구들의 무관심에 늘 상처를 받곤 했어요.

　사춘기가 시작되면서 다른 친구들은 변성기가 시작되어 멋진 목소리가 나왔지만 종배는 늘 높은 매조소프라노의 목소리라서 주변 사람들의 시선을 순식간에 집중시켰습니다. 그래서 시작된 언어치료는 5년이 지나도 효과가 없었습니다. 치료가 끝나면 또 다시 여자 목소리를 내서 여러 번 좌절했습니다. 그러나 종배는 많은 아픈 기억들과 어쩔 수 없는 현실에서도 늘 긍정적인 성격으로 주변을 즐겁게 하는 에너지가 있었습니다. 노래할 때는 항상 행복해 보였고 즐거워했습니다. 말을 걸고 대화를 해보면 사람들은 그 즉시로 장애를 알아챕니다. 그런데 노래할 때는 그냥 멀쩡한 청년인거죠. 종배와 같은 아이를 둔 부모님들은 평생 가슴 아픈 짐을 지고 살아갑니다. 그러나 달리 생각해 보면 단순한 삶을 살아가는 우리 아이들이 부모님과 함께 있으면 항상 행복해하니 한편으로는 감사합니다.

학교를 졸업하고 직업을 구한 친구들은 그래도 대박이구요, 직업을 가질 수 없는 친구들은 하루하루가 길고 길기만 합니다. 그래서 JL희망합창단은 우리의 삶에서 활력소가 되었습니다. '노래'가 친구이고 형이고 동생이며 매일의 기쁨입니다. 종배 아빠는 2014년 메르스가 시작 되던 때 1년 5개월의 대장암 투병을 끝으로 하늘나라에 가셨지만 종배는 아빠를 볼 수가 없었습니다. 그래서 노래를 부를 때마다 '아빠가 좋아하시던 노래를 부르면 하늘나라에서 들으시고 기뻐해 줄 것'이라는 생각을 합니다. 아빠가 없어도 슬퍼하지 않고 기죽지 않고 씩씩하게 살아서 아빠의 자랑스러운 아들이 되어 주기를 바라고 있습니다. 그리고 사람들에게 꿈과 희망을 전하는 사람이 되어 주었으면 좋겠습니다.

■ 단원: 안수빈(2000년생, 지적장애2급)

■ 글: 이종희(어머니)

"환란 날에 내게 부르짖으라, 네가 알지 못하는 크고 비밀한 일을 네게 보이리라"(렘33:3).

수빈이는 제 나이 39세에 태어난 늦둥이입니다. 형과는 10년 터울이며, 직장을 다니는 아빠와 함께 모두 4명의 가족이 주안에서 비전과 평안함으로 화목하게 지내고 있습니다.

지금이야 평안함이라고 하지만, 저희 가족은 오늘의 평안이 있기까지 힘든 시기를 지내왔습니다. 남편이 회사를 다니며 별 어려움 없이 살던 저희 가정은 수빈이가 4살 되던 때, 잘못된 보증을 해주어서 8년간 극심한 경제적인 어려움을 겪게 되었습니다. 수빈이를 치료할 비용이 없어서 중앙교회 어머니 기도회의 기도프로그램에 참가하여 아이를 치료해 달라고 눈물로 기도했습니다. 마음이 많이 시렸습니다. 치료비가 없는 상황이 너무 서러워 가슴에서 뜨거운 눈물로 기도했습니다. 교회의 많은 목사님들이 기도해 주셨던 덕분인지 수빈이는 일곱 살 중반에 말문이 열렸고, 여덟 살에는 학교에 갈 수 있게 되었습니다. 말과 학습능력이 조금씩 좋아지면서 평생 아이가 사람들 사이에서 당당하게 살아갈 수 있도록 좋아하는 일을 찾기 위해 기도했습니다.

그러던 중 수빈이의 목소리와 몸 울림통이 성악을 하면 좋을 것 같다는 주변의 말씀을 듣고 성악을 시켜보기로 했습니다. '신실하고, 사랑이 많고, 실력 있는 그리고 저희 재정상황을 고려해 줄 수 있는 선생님'을 만나게 해달라고 기도했습니다. 그렇게 만나게 된 분이 지금의 JL희망합창단 지휘자님입니다. 바쁘신 중에도 무료로 우리 수빈이에게 성악 지도를 해주셨습니다. 기다려 주시고 사랑으로 돌봐주신 은혜에 진심으로 감사드립니다.

수빈이와 저는 꿈이 있습니다. 수빈이는 찬양하고 저는 반주하면서 주님을 예배하는 것이었습니다. 수빈이가 사춘기를 심하게 겪으면서 성악 지도를 제대로 못 받는 경우도 많았습니다. 아이를 양육하면서 희망과 절망을 수시로 넘나들던 기나긴 시간들 속에서도 실낱같은 믿음과 간절함의 기도는 계속 되었고, 그때 'JL희망합창단'이라는 선물을 보여주셨습니다.

예비하신 주님과 수고하신 분들께 진심으로 감사했습니다. 지금은 비록 미약하지만 나중은 심히 창대케 하실 주님을 의지하며 열심히 연습하는 합창단을 통해서 우리 아이들에게 자립심이 생겨나고, 보호자들에게는 긍지가 생기고, 합창을 듣는 분들은 감사와 소망의 싹이 자랄 수 있기를 바라고 기도합니다. 감사합니다.

■ 단원: 김용민(2002년생, 지적장애 2급)

■ 글: 강미영(어머니)

장애를 가진 아이의 부모는 수없이 많은 좌절감을 느끼며 살아갑니다. 출생 후 성장하면서 보통 아이들과 다르다는 것을 느끼며 제발 아니기를, 아니기를, 제발 아니기를 간절히 바라보았지만, 피할 수 없는 장애 판정을 받았을 때는 생사(生死)의 기로(岐路)에 서 있는 것처럼 말할 수 없는 충격을 받았습니다. 아이와 같이 외출하려고 할 땐 수십 번 심호흡을 하고 나서 집을 나섭니다. 주위의 눈을 의식하면서 불안감과 초조함에 짓눌려서 집안에만 있고 싶은 생각을 많이 했습니다. 가족 모두가 아이의 상황을 받아들이고 아이의 교육과 치료에 전념하기까지 많은 시간이 걸렸습니다. 보통 사람들은 쉽게 하는 언어표현도 수십 번의 반복 연습을 거쳐야 했고, 하나를 가르쳐 주면 열을 안다는 말은 우리 가족에겐 허황된 소리였을 뿐입니다.

초등학교에 입학할 때에는 밤잠을 설쳤습니다. 많은 고민을 했습니다. 아이보다는 엄마인 내가 매번 상황마다 어떻게 대처해 나가야 할지 근심이 이만저만이 아니었습니다. 초등학교 학부모 모임 때 용기를 내서 두근거리는 마음을 가지고 우리 아이의 상황에 대해서 말을 꺼냈습니다. 엄마들은 다 이럴 것 같습니다. 엄마이기 때문에 가능한 용기였을 겁니다. 초등학교 1학년 담임 선생님의 말씀에도 힘을 얻었습니다. 엄마가 힘을 내야 아이도 버틸 힘과 용기가 생긴다는 말씀, 어디를 가서든 기죽지 말고 겸손한 마음만 가지면 된다는 말씀. 아직도 되새기며 생활하고 있습니다. 아직 우리 사회에는 참 좋은 선생님들이 많이 있습니다.

워킹맘이라 아이에게 많은 에너지를 쏟아 붓지 못해 늘 안타까웠습니다. 우리 아이보다 상황이 좋은 아이들을 보면 저의 노력이 부족해서인 것 같기도 하다는 자책감이 들었습니다. 장애를 가진 아이도 감정을 느끼는 것은 보통 사람과 같습니다. 믿어주는 마음으로 아이에게 격려해주니 아이도 조금씩 발전되어가는 모습이 보였습니다. 열심히 하려는 아이의 모습이 대견하였으며 희망을 잃지 말아야겠다는 마음을 다시 가지게 되었습니다.

"좋은 일이 다 좋은 것은 아니고 안 좋은 일이 다 안 좋은 것은 아니다"라는 말처럼 아이의 장애로 인해서 우리 가족은 더 겸손 해지고 서로의 마음을 더 많이 헤아리게 되었고, 가족에게 더 관심과 집중하게 되었습니다. 서로에게 익숙해지면서 아이의 장애는 생활의 일부로 자리를 잡아갔습니다. 보통 사람들처럼 생활하는 건데 장애를 모르는 사람들은 부모가 대단하다고 종종 말하곤 합니다. 그것은 아마도 평생을 지켜줘야 한다는 부담감을 짐작해서 말하는 것 같습니다.

이제 우리 아이는 초등학교 졸업을 앞두고 있습니다. 앞으로 가야할 길도 순탄하지는 않을 것입니다. 그러나 이제는 어떤 좌절감도 이겨나갈 수 있는 용기가 아이에게도 저에게도 생겼습니다. 혼자가 아니라 같이 하려는 힘이 있기 때문입니다. 장애 아이들로 구성된 JL희망합창단이 창단되었습니다. 꾸준히 노력하면서 사회의 한 일원으로 한 걸음씩 다가가는 모습이 너무 기특합니다. 앞으로도 합창단이 지속적으로 유지될 수 있도록 간절하게 기도하고 있습니다. 우리 사회에서 합창단에 많은 관심을 가지기를 바라며 우리 아이들로 인해 세상 사람들이 따뜻함을 느낄 수 있기를 바랍니다. 이 또한 하나님의 뜻이기를 바랍니다.

■ 단원: 김재문(1994년생, 자폐성장애1급)
■ 글: 이순덕(어머니)

이야기 여덟

재문이는 자폐성 1급입니다. 장애에 대해 아무것도 모르는 상태에서 늦은 나이에 얻은 귀한 아들이 자폐라는 이름표를 달고 저에게 왔습니다. 그렇게 저는 제2의 인생이 시작되었습니다. 말로 표현하지 못하고, 갑자기 소리 없이 울거나 길거리의 새로운 상점마다 들어가서 마구잡이로 물건을 뜯었습니다. 지금은 헛웃음이 나지만 그땐 참 많이 힘들었지요. 형편 때문에 제대로 된 교육을 시켜주지 못했습니다. 시간은 흘러갔고 미안한 마음이 많은 상태에서 학교의 모든 정규과정이 끝났습니다. 대학 전공과목도 마쳤습니다. 이제는 조심스럽게 사회에 발을 내딛게 하려고 노력하고 있습니다.

재문이는 지시에 잘 따릅니다. 모든 일에 열심히 하는 편이고 인사도 잘하고 바른생활을 합니다. 내성적이고 조용합니다. 자발적 언어가 적다보니 수동적입니다. 평소에 노래를 좋아하는데 이번 JL희망합창단을 통하여 더 많은 노래를 배우고 친구들과 어울릴 수 있는 기회를 가지게 될 것으로 생각하고 기대되는 바가 큽니다. 결석하지 않게 노력하고 정말 열심히 하여 무대에도 서서 공연해 보는 게 꿈입니다.

■단원: 김승환(1999년생, 지적장애1급)

■글: 정은주(어머니)

이야기 아홉

승환이는 '아들'이라는 가족들의 기대를 품고 1999년 1월 22일 태어났습니다. 맞벌이를 하고 있어서 승환이는 할머니의 품에서 양육되었습니다. 아이가 첫돌을 지나면서 조금씩 다른 아이들의 성장에 비해 발달 속도가 늦다는 생각이 들었습니다. 만 4세가 되어서야 아이의 상태를 검사해보게 되었습니다. 단지 언어 발달이 늦는 줄 알았던 승환이는 정신지체라는 판정을 받았습니다. 정신지체! 장애!

도저히 믿기지도 않고 받아들일 수도 없는 그 현실을 어떻게 조정할 수도 없었습니다. 태양처럼 강렬한 반발심으로 지구를 거꾸로 돌리고 싶었습니다. 뒤늦게 언어치료를 시작하고 인지치료와 각종 치료를 시작하였으나 우리의 기대에는 부응하지 못했습니다. 또래 아이들에 비해 많이 뒤쳐져 있었습니다. 그렇게 가슴앓이를 하면서 장애아이라는 짐을 받아들이게 되었습니다.

7세 이후의 언어치료는 더 이상의 큰 발전과 기대를 얻을 수 없다는 전문가들의 말은 우리 가족을 무기력하게 했습니다. 초등학교 입학 시점에서 일반학교는 돌봐줄 수 없는 상황이라고 해서 특수학교인 서광학교 진학하였습니다. 맞벌이로 아이를 방치 할 수 없기에 기숙사 생활을 했고, 친구들과 선생님들에 인기 많고 착한 승환이로 지내게 되었습니다. 썬데이 크리스천으로 겨우 주일 예배만 드리던 중 2009년 중앙침례교회의 가을부흥회에 지인의 권유로 참석하게 되었습니다. 거기서 게을렀던 저의 신앙은 하나님을 인격적으로 만나는 기회가 되었고, 저희 가족은 평안을 되찾기 시작했습니다.

자기 이름조차 쓰지 못하고 숫자도 모르던 승환이가 하나님의 은혜로 인지능력이 조금씩 나아졌습니다. 혀가 굳어서 더 이상의 언어 발달은 기대할 수 없다던 전문가들의 말이 무색하게 승환이는 무슨 일이든 적극적으로 참여하며 해내고자 하는 승부욕으로 어려운 발음도 계속 도전했습니다. 그러다보니 자신의 의사를 간단히 표현할 수 있는 단계로 발전하게 되었습니다. 지금도 발전이 진행되고 있는 승환이는 여느 청소년 아이들처럼 음악 듣기, 찬양, 복음성가 듣기를 즐겨하며 어려운 발음과 음정도 함께 따라 부르는 흥이 많은 아이입니다. 저희 가정에는 키 큰 귀염둥이 천사 승환이가 함께함으로 항상 웃음과 행복이 있습니다. 하나님이 주신 선물에 감사합니다.

■단원: 신민정(1999년생, 지적장애2급)

■글: 조성미(어머니)

　안녕하세요. 저는 2008년도에 2~3년 정도 아이들을 가르쳐 주신 미술 선생님으로부터 예수님을 알게 됐습니다. 그때 민정이는 진단을 받았고, 민정이랑 동생이랑 연년생이어서 손이 많이 가던 때였습니다. 치료도 받아야 되고, 가정 살림도 해야 되고 정말 정신없이 오로지 아이들에게 온 신경을 집중하고 정성을 쏟고 있던 때였습니다. 선생님으로부터 새벽교회를 처음 소개받고 집에서 매주 목요일에 열리는 열린 모임에 초대받아 참석하게 되었습니다. 목사님이 직접 인도하여 주셨는데 낯을 가리는 성격임에도 불구하고 처음 만나는 자리에서 저의 얘기를 스스럼없이 했습니다. 낯선 사람에게 속에 있는 얘기를 하는 제 자신이 스스로 놀랍기도 하였습니다.

　회를 거듭할수록 나의 존재 이유와 하나님의 은혜를 깨달아 가게 되었습니다. 사랑하는 아들 예수님을 이 땅에 보내주셔서 죄와 허물로 죽을 수밖에 없는 내가 깨끗하게 되었다는 것, 영원한 생명을 아무 대가 없이 받을 수 있게 되었다는 것을 알게 되었습니다.

　예수님을 알고 난 뒤에 환경과 상황은 변하지 않았지만 늘 말씀으로 위로하여 주시고 힘이 되어 주시고 하늘에 소망을 두고 살게 하여 주심을 감사드립니다. 저와 우리 민정이를 통하여 영광 받으신다는 말씀을 굳게 믿으며 나의 삶이 주님이 기뻐하는 삶이 되게 해주신 하나님께 감사드립니다.

■ 단원: 노광수 (1986년생, 발달장애1급)
■ 글: 노석원(아빠)

이야기 열하나

광수가 태어날 당시 광수네는 할아버지, 할머니, 회사에 다니는 아빠, 엄마 그리고 두 살 터울인 형 성수가 있었고 광수가 태어나면서 여섯 식구가 되었습니다. 다른 자폐 아이를 둔 가정과 마찬가지로 광수가 태어나서 한두 살 때까지는 집안 식구 누구도 자폐에 대해서는 듣지도 보지도 못하였습니다. 광수가 두세 살 되던 때까지 말을 안 하고, 불러도 대답이 없고, 눈 맞춤이 없고, 장난감이나 자동차의 동그란 바퀴에 집착이 강하고, TV를 볼 때 광고를 좋아하고, 새로운 환경에 적응이 안 되는 것들이 의아했습니다.

한번은 이사를 갔을 때 새 집에 들어가지 않겠다고 떼를 써서 한동안 밖에서 업고 있다가 잠이 들면 데리고 들어오곤 했습니다. 나중에 알고 보니 그런 행동들이 자폐증의 전형적인 행동특성이었습니다. 정말 꿈에도 몰랐던 청천벽력 같은 소식이었습니다. 그때 불과 두세 살 정도였으니까 가족들도 특별하게 이상이 있을 거라고는 상상을 못했습니다. 단순히 '조금 늦는 구나' 하는 정도의 생각을 갖고 있었습니다. 그 당시는 '자폐'라는 용어가 생소하던 때였습니다.

그러던 광수가 초등학교 1학년 때 형이 다니던 동네 피아노 학원에 따라갔다가 어깨너머로 형을 따라서 피아노 건반을 두드리며 건반과 익숙해지기 시작했고 어느 순간 그 당시 유행하던 러브스토리 연주를 들으면서 한 손가락으로 음을 찾아가는 모습을 보였습니다. 솔직히 광수가 전혀 문제없는 아이로 다시 태어날 것만 같은 순간의 기대감으로 한참을 눈시울 적셨던 기억이 있습니다. 어쨌거나 피아노 치는 연습을 시작한 광수가 아빠가 피곤하다고 이야기를 하면 서툰 솜씨로 클래식 음악을 연주해줍니다. 수원시 장애인의 날 행사에서 장애인 노래 자랑 대회에 출전했다가 입상하여 고급 브랜드 냄비를 부상으로 가져왔는데 흐뭇한 마음이 들었습니다. 그날 광수 엄마는 "그동안 음악치료에 들어간 돈을 냄비 하나로 한꺼번에 보상을 받은 것 같아요"라는 이야기를 합니다. 그런데 그 말이 아직도 잊히지 않습니다. 올해 서른한 살이 된 광수, 엄마가 바라는 것은 광수가 다른 능력은 부족하지만 그나마 잘하는 음악적 재능을 살려서 교회의 사랑부 예배 시간에 반주를 할 수 있었으면 하는 것과 다른 친구들과 어울려 찬양할 수 있게 되는 거라고 합니다.

자폐성 장애인, 우리 사회에서 어울려 더불어 살아가기 위해서는 사회성이 있어야 하는데 아직도 혼자서 하는 것을 좋아하지, 여럿이 어울려서 함께 하는 일은 굉장히 힘들어 합니다. JL희망합창단, 이곳에서 우리 아이가 잘 적응하고 좋아하는 음악을 즐기고 행복하게 생활할 수 있으면 좋겠습니다. 그렇게 한 걸음씩 우리 사회로 나아갔으면 좋겠습니다.

■ 단원: 김영성(1997년생, 지적장애1급)
■ 글: 정명순(어머니)

이야기 열둘

저는 예수님을 만나기 전에는 죽음을 두려워하였습니다. '죽고 나서 난 어떻게 될까'라는 생각을 할 때마다 무서운 생각이 들었습니다. 어렸을 적 수영장에 갔는데 갑자기 발이 닿지 않아 이젠 죽는구나 생각했을 때 너무나 두려웠습니다. 옆에 가족들이 있었는데도 그 순간 두려운 생각뿐이었습니다. 또한 미래에 대한 걱정과 근심이 가득했습니다. 뭐든지 저 혼자 고민하고 결정하고 불평뿐이었습니다.

권사님이신 시어머님을 따라서 교회에 다녔지만 저는 구원의 확신이 없었습니다. 그러던 중 막내아들 영성이가 태어났습니다. 저는 처음에 발달이 느리다고 알고 있었는데, 발달장애가 있다는 것을 알게 되었을 때 너무 속상했습니다. 제가 힘들고 고통스러울 때마다 하나님이 미웠습니다. 나는 교회에 다니는 크리스천인데 왜 이런 시련이 왔을까 불평했습니다. 아~ 당시에 느꼈던 상실감을 어떻게 표현할 수 있을까요.

어느 날 영성이와 버스를 타고 예배를 드리러 교회에 왔습니다. 예배 후 교회에서 나오는데 영성이가 경기를 했습니다. 눈이 뒤집히고 입에서 거품이 나는 모습을 본 저는 너무 놀랐습니다. 지나가시던 어떤 집사님께서 차를 태워주셔서 병원 응급실로 갔습니다. 병원으로 가는 차 안에서 저는 처음으로 하나님께 울면서 기도했습니다. 그 순간 제가 의지할 곳은 하나님뿐이었습니다. '하나님! 그 동안 제가 어리석게도 하나님을 원망했습니다. 잘못했습니다. 영성이를 치료해주세요' 하는 그 순간 병원에 도착했고 영성이가 치료를 받고 원래 모습으로 돌아왔을 때 많은 생각이 들었습니다. 제가 하나님을 원망하고 있을 때도, 지금 감사할 때도 하나님은 나와 함께하신다는 것을 알게 되었습니다.

시간이 지날 때마다 저는 아들 영성이를 통해 하나님을 보았습니다. 가족 모두 영성이로 인해 하나님을 더 붙들게 되고 영성이의 성장과 고쳐지는 모습을 보며 하나님께서 저희 가족과 함께하심을 느낍니다.

무엇보다 영생을 얻은 것이 가장 기쁘고 감사합니다. 왜냐하면 이젠 죽음이 두렵지 않기 때문입니다. 지금 이 세상을 떠난다 해도 천국에서 하나님과 함께 있을 것을 확신합니다. 또한 예수님은 저의 신앙 활동을 통해 저의 곁에 좋은 사람들을 많이 보내주셨고 그분들을 통해 많은 것을 배우게 해주셨습니다. 아들 영성이를 치료해 주시고 영성이를 통해 하나님을 만나게 해 주셨습니다. 예수님은 저에게 구원자이시고 인도자이시고 치료자 이십니다.

저는 예수님을 믿는 자입니다. 늘 '믿는 자답게 살아 갈수 있는 제가 되게 해 주세요'라고 기도합니다. 예수님을 믿는 자라고 하지만 세상을 살아갈 때 사람들이 그렇게 보지 않는다면 그건 진정으로 믿는 자가 아닐 것입니다. 제가 그랬듯이 누군가도 저를 통해 예수님의 모습을 보길 원합니다. 그러기 위해서 믿는 자답게 예수님을 닮아가는 삶을 살기를 다짐하고 기도합니다.

■ 단원: 엄태윤(1999년생, 정신지체장애3급)

■ 글: 엄태윤, 배경배(어머니)

안녕하세요! 저는 수원정보과학고등학교 1학년 엄태윤입니다. 우선 합창단에 지원하게 되어서 정말 기쁩니다.

저는 발달장애 3급으로 완벽하게 모든 일을 처리하지는 못하지만 버스를 타고, 등·하교를 비롯한 학교생활을 비교적 큰 문제없이 지내고 있으며, 어릴 때는 말썽을 많이 피워 엄마가 고생을 많이 하셨지만 지금은 엄마, 아빠가 늘 사랑으로 대해 주셔서 행복한 하루하루를 보내고 있습니다. 등교 시간에는 아빠랑 등교하고 수업이 끝나면 수학학원과 체육학원 등 나름대로 스스로 잘 찾아다니며 수업을 받고 있습니다.

밝고 항상 웃는 얼굴인 저는 어릴 때부터 음악과 가까이 지냈습니다. 음악적 재능이 뛰어나지는 않지만 초등학교 입학 전부터 피아노를 개인교습 받았고, 지금은 기타와 피아노, 성악을 함께 교습 받고 있을 정도로 음악을 좋아합니다. 엄마가 가끔씩 제가 받고 있는 개인 교습에 대해 물어 봅니다. 엄마는 받기 싫으면 안 다녀도 된다고 그러니까 솔직히 이야기하라고 하시는데 저는 음악과 관계된 것은 계속하겠다고 언제나 말할 정도입니다. 음악은 저에게 즐거움을 줄 뿐만 아니라 다른 사람에게도 즐거움을 줄 수 있으니 음악은 우리 사회에 꼭 필요한 활력소라고 생각합니다. 학교에서 공부하는 다른 과목들은 좋은 점수를 받지 못하지만 제가 좋아하고 행복할 수 있는 합창은 꼭 해 보고 싶습니다. 그래서 다른 친구나 엄마, 아빠가 즐거운 모습으로 저를 바라볼 수 있게 열심히 연습하고 노래하는 모습을 보여주고 싶습니다.

"장애가 있어도 행복할 수 있어요."

그렇게 크게 보여 주고 싶습니다. 감사합니다.

■단원: 최종화(1993년생, 지적장애1급)
■글: 김미경(어머니)

이야기 열넷

종화가 수원중앙침례교회 사랑청소년부에 다니기 시작한 것은 중학교 1학년 때였습니다. 벌써 10년이 되었습니다. 재학 중이던 칠보중학교 특수학급에 보조교사로 계시던 분이 사랑청소년부를 섬기는 교사를 하고 계셨던 인연으로 종화가 예수님을 처음 만나게 되었습니다. 이것이 종화에게는 크나 큰 행운의 열쇠가 되었습니다. 장로교회에 다니던 저는 종화를 양육하면서 병원과 치료실을 다니느라 바쁘고, 생활에 치여 신앙생활을 한다는 것이 사치일 정도로 느껴졌습니다. 참 외롭고 힘들었던 시기였습니다. 그러던 중 중앙침례교회 사랑청소년부 선생님들과 목사님의 관심과 배려가 저와 종화를 신앙으로 성숙시켜 주었고, 종화에게 희망의 길을 열어 주었습니다. 그 힘으로 종화는 고등학교에 진학 후 친구들을 한 명 한 명 전도하기 시작해서 네 명의 친구를 전도했습니다. 그리고 전도상을 받기도 했습니다. 지금은 엄마인 저보다도 종화의 신앙심이 더욱 더 든든합니다.

주님 안에서 종화는 뭐든 할 수 있는 아이라 생각합니다. 열정이 있고, 주님에 대한 사랑이 많은 종화이기에 언제나 밝고 힘이 있습니다. 좋은 기회에 여러 친구들과 함께 좋아하는 음악과 노래를 하며 그 열정으로 주님께 찬양할 수 있는 기회가 주어지도록 간절하게 기도드려 봅니다.

■단원: 이성은(1999년생, 정신지체장애3급)

■글: 이성은, 송영분(어머니)

노래로 꿈을 이야기하고 노래로 희망을 나누는 서천중학교 3학년에 재학 중인 이성은입니다. 저는 어렸을 때부터 음악을 좋아해서 자주 노래를 듣고 부르곤 했습니다. 노래를 좋아하는 저를 위해 부모님과 주변 분들께서 전문적인 성악공부를 할 수 있게 도와주셔서 더 즐겁게 노래를 부를 수 있었습니다. 성악을 처음 시작할 때에는 발성과 발음이 많이 어려웠습니다. 연습시간도 많고 목도 많이 아파서 쉬고 싶다고 꾀를 부리고도 싶었지만 응원해주는 부모님과 성악선생님을 생각하며 열심히 노력했습니다.

그 덕분에 노래에 자신감이 생겨 학교 축제에 성악 부문으로 참여하기도 했습니다. 선생님들과 전교생 앞에서 노래를 해야 한다는 생각에 긴장도 되고 낯선 무대에 대한 두려움에 선생님께 말씀드리고 포기할까도 생각했습니다. 그러나 멋지게 노래를 부르는 모습을 상상하며 계속 연습하고 노력했습니다. 행사 당일 떨리는 마음으로 무대에 섰고 천천히 노래를 시작했습니다. 안정감을 찾자 평소 실수하던 고음부분에서 벽을 넘는 경험을 했습니다. 저도 모르게 목소리가 높이 올라갔는데, 저를 바라보고 미소 짓고 있는 친구들과 선생님의 얼굴이 보였습니다. 노래를 마치고 무대에서 내려왔을 때 난생 처음 희열을 느꼈고 아직도 그 기억이 생생합니다. 작은 무대였음에도 '거위의 꿈'이라는 노래가 나의 목소리를 통해 '모두의 꿈'으로 전달될 수 있어 큰 보람을 느꼈습니다. 앞으로 JL희망합창단원으로 활동하여 더 많은 사람들과 함께 꿈과 희망을 노래하여 기쁨을 나누고 싶습니다. 아직 많이 부족하지만 누구보다 긍정적이고 누구보다 노력을 많이 하는 저의 장점을 살려 합창단원으로서 최선을 다할 것입니다.

■ 단원: 권휘서(2003년생, 지적장애3급)

■ 글: 오윤경(어머니)

이야기 열여섯

안녕하세요. 저희 아이는 대안학교인 수원 칠보산 자유학교에 다니는 권휘서입니다. 가족은 아빠, 엄마, 언니, 휘서 모두 네 명입니다. 휘서는 어릴 때 너무 순하고 신체발달이 정상적으로 이루어졌기 때문에 저는 아이의 장애를 뒤늦게 알게 되었습니다. 말이 늦어서 찾아간 병원에서 조금 늦은 아이라며 별다른 진단을 받지 못했고, 크면 나아지리라는 기대를 하고 키웠으나 결국 많은 부분에서 발달이 늦었고 현재 지적 3급 진단을 받았습니다. 휘서는 자폐성향도 있어 사회성이 많이 떨어지고 다른 사람들과의 상호관계를 어렵고 힘들어합니다. 아이의 사회성을 키우기 위해 어려서부터 사회성치료나 그룹치료를 많이 했지만 여전히 낯선 환경, 낯선 사람들 사이에서 긴장하고 힘들어하는 것 같습니다.

어릴 때부터 일상적인 언어 구사는 어려웠지만 노래나 춤은 좋아했고 대화보다 노래를 더 많이 불렀던 것 같습니다. 기억력이 좋고 리듬감이 있어 평상시 들은 노래는 바로 기억하며 불렀고 조금 커서는 노래 가사를 자기 마음대로 바꾸어 부르는 놀이를 많이 하고 놀았습니다. 지금은 피아노와 플룻을 배우고 있는데 리듬감이 있어서 그런지 악기를 배우는데 어려움이 없고 악기 연주하는 걸 좋아합니다. 다른 장애아를 키우는 부모처럼 저 또한 아이의 장애를 극복하고자 여러 가지 치료와 그에 따른 수많은 비용을 지불했지만 아이의 장애를 극복하는 건 정말 어렵고 불가능할 수 있다는 것을 깨달았습니다.

지금은 휘서가 좋아하고 배우고 싶어 하는 것을 가르치는데 중점을 두고 있고, 나아가서 성인이 됐을 때 즐겁게 할 수 있는 취미나 참여할 수 있는 모임을 만들어 휘서가 좀 더 행복한 인생을 보낼 수 있게 하는 게 부모로서 저의 바람입니다. 그래서 아이가 좋아하는 것을 찾다보니 우연한 기회에 중앙침례교회 합창단 소식을 들었고 이렇게 지원하게 됐습니다. 요즘 사춘기라 감정기복이 심한데 여럿이 서로 화음을 맞춰 노래해야 하는 합창단이 사회성이 부족한 휘서에게 좋은 영향을 줄 것으로 기대됩니다. 좋아하는 노래를 할 수 있는 JL희망합창단에서의 활동을 통해 다른 아이들과의 어울림에서 조금이라도 즐거움을 찾는다면 더 이상 바랄 것이 없을 것 같습니다. 감사합니다.

■단원: 조정훈(1997년생, 자폐성장애2급)
■글: 이선미(어머니)

이야기 열일곱

안녕하세요. 조정훈 엄마입니다. 정훈이는 자폐성 장애를 가지고 있고 이제 고3으로 올라갑니다. 부족한 점이 많은 아이, 아니 청년이예요. 이제 스무 살이 되니까요. 정훈이가 처음 장애를 가지고 있는 아이라는 걸 알았던 건 40개월이 다 되어서인 것 같습니다. 그냥 순하고 늦은 아기로만 여겼어요. 신체적 발달은 정상적으로 했었고 제가 처음이라 너무 몰라 치료를 너무 늦게 시작한 것 같습니다. 정훈이를 이제까지 키우는데 엄마를 너무 힘들게 하진 않았어요. 하지만 이렇게까지 발전을 못할 것으로 생각하지 못했던 것 같아요. 그래서 제가 많이 좌절하고 그 심리적 불안이 정훈이에게도 영향을 주지 않았을까 하는 생각이 듭니다. 정훈이는 언어적 부분이 제일 취약합니다. 그리고 많이 위축되어 사회성도 많이 떨어져요. 그래서 친구나 동생들과 노래를 맞춰가며 부르면 좋을 것 같다는 생각을 했습니다. 자연스럽게 발성 연습도 하고 조금이라도 어울려서 사회적 기술을 배울 수 있을 것 같습니다.

정훈이는 현재 장애청소년 오케스트라에서 플룻을 연주하고 있습니다. 이제 3년째 같이 하고 있네요. 피아노도 초등학교 때부터 꾸준히 연습해왔습니다. 음악이 사람의 마음에 얼마나 감동과 위로를 주는지 잘 알고 있습니다. 제가 제 아들을 보는 것이 객관성이 떨어지는 건지는 모르겠지만, 자기가 가지고 있는 능력을 심리적 위축 때문에 잘 나타내지 못 하는 것 같다는 생각을 항상 가지고 있습니다. 합창이 계기가 되어 가지고 있는 능력을 조금이라도 나타내고 쓸 수 있었으면 합니다. 음악이 주는 힘은 큰 것 같아요. 이렇게 소외 되어 있는 우리 아이들에게 사랑의 손길을 보내 주신 분들께 마음 깊이 감사드립니다.

■ 단원: 김준호(1991년생, 지적장애2급)

■ 글: 강희경(어머니)

부모님이 모두 하나님을 믿으며 원천침례교회를 다니고 있습니다. 준호는 다운증후군이란 병이 있지만 온유하고 밝은 성격으로 많은 사랑을 받으며 즐겁게 살고 있습니다. 아빠는 회사에 다니시고 여동생은 피아노를 전공으로 공부하고 있습니다. 온 가족이 하나님 안에서 사랑하며 서로 격려하며 열심히 사는 가정입니다. 중앙 조기교실과 중앙 유치원을 거쳐 중앙 기독초등학교에 다니며 하나님을 알게 되었습니다. 중앙 기독초등학교 때 뮤지컬을 열심히 하여 네팔로 단기선교를 다녀왔습니다.

영덕중학교 시절엔 스스로 복지관을 다니며 제과·제빵을 배웠습니다. 중학교 3학년 때 대안학교인 호산나학교로 전학하여 혼자서 서울 대치동으로 학교에 다니면서 독립할 수 있는 계기가 되었습니다. 호산나학교에서 고등과 졸업과 동시에 용인강남학교에 다닐 수 있는 기회가 생겨서 중·고등과정을 다시 다녔습니다. 용인강남학교에서는 검도와 태권도등 운동을 열심히 하여 대외적으로 많은 수상 실적을 거두었으며 학생회 회장과 부회장을 맡아서 함으로 리더십을 배울 수 있는 기회를 얻었습니다. 음악을 좋아하며 자신의 일은 스스로 해결하려는 성격으로 밝고 순종적입니다. 책임감이 강하여 맡은 일은 스스로 합니다. 현재는 커피숍에서 바리스타로 오전 중에 일하고 오후에는 용인강남학교 카페에서 봉사활동을 하고 있는데 책임감이 강하여 맡은 일을 열심히 하고 있습니다.

합창단을 통해 하나님을 찬양하는 일에 쓰임 받게 되어 기쁩니다. 원천교회에서 찬양팀으로도 섬겼었는데 다시 하나님을 찬양할 수 있어서 참 좋습니다. 다른 일보다 합창하는 일에 먼저 달려가서 열심히 성실히 하겠습니다.

■ 단원: 조정훈(1997년생, 자폐성장애2급)
■ 글: 이선미(어머니)

이야기 열아홉

정훈이가 벌써 성인기에 접어들었다는 사실에 정말 세월이 너무 빠르다는 걸 새삼 느낍니다. 합창단을 시작한지가 벌써 2년 반이라는 시간이 지났네요.

처음 합창을 시작했을 땐 이곳 수원이 꽤 낯설었습니다. 이제는 저희가 이곳에 이사 와서 교회까지 약 30분 정도 걸어서 다니고 있습니다. 무엇보다도 정훈이가 합창 연습 가는 것을 정말 좋아해서 거의 하루도 빠지지 않고 수요일과 토요일 연습에 열심히 참석하고 있습니다. 사실 저는 연습에 빠지고 쉬고 싶은 마음이 간절했던 적이 허다했습니다.

정말 좋으신 지휘자님, 반주자님께 늘 감사하고 또 감사한 마음입니다. 우리 아이들을 편견 없이 사랑하시는 지휘자님의 사랑이 지금까지 합창을 이어주는 큰 힘인 것 같습니다. 영화 음악 작곡가이신 반주자님 또한 우수하고 멋진 재능과 한결 같은 사랑으로 저희와 함께해 주시니 감사한 마음 그지없습니다.

합창 공연을 할 때 우리 정훈에게 연주자로서도 많은 기회를 주셨습니다. 처음에 지휘자님이 '훨훨 날아요'에 플루트를 같이 넣어서 해보자는 제의를 받았을 때만 해도 '훨훨 날아요'가 이렇게 많이 연주되고 사랑받을 줄은 몰랐습니다.

지금은 우리 합창단의 베스트 곡으로 자리 잡고 많이 연주되니 정훈이의 플루트 소리가 합창과 어우러져 많은 분들께 감동을 주는 것 같아 늘 감사한 마음입니다. 정훈이가 가지고 있는 자폐 성향 때문에 합창할 때 지휘자님께 집중하지 못하는게 늘 마음을 무겁게 하지만 앞으로 조금씩 나아질 것이라는 믿음으로 열심히 노력하겠습니다.

장애를 갖고 있는 아이를 키우며, 어느새 성인기에 접어든 자녀에 대한 걱정은 겪어 보지 않은 사람은 절대 알 수 없겠지요. 정훈이를 처음 낳았을 때의 기쁨과 감사함은 잠시뿐이었습니다. 네 살 무렵 정훈이의 이상 행동에 대해 병원에서 처음 진료를 받고 나서 시작된 끝없는 치료들, 정훈이가 스물한 살이 된 지금 되돌아보니 마음이 많이 아팠습니다. 내 아들이 장애인이라는 사실을 받아들이느라, 정훈이의 장애를 감당해내

느라 너무 마음이 아득하고 아련했습니다. 정훈이의 장애를 받아들이는 과정이 정말 죽을 만큼 힘들었던 것 같습니다. '왜 나에게 이런 일이?' 장애 아이의 부모들은 누구나 겪는 과정이라고 하더군요. 많이 분노하고 절망했습니다.

정훈이가 초등학교 3학년 무렵 저는 대상포진이 너무 심하게 와서 일주일간 입원을 했습니다. 그동안 쌓였던 스트레스가 몸에 나타난 거였겠죠. 정훈이를 낳고 처음으로 정훈이와 분리되어 있어본 것이었습니다. 많은 생각을 했었고, 그때 처음으로 우리 정훈도 이렇게 태어나고 싶어서 이런 장애를 가지고 태어난 게 아니라는 것을 깨닫게 되었습니다. 그동안 저는 저의 절망에서 오는 저의 아픔밖에 몰랐습니다. '왜 너는 내가 돈과 시간을 들여 이렇게 최선을 다하는데 더 나아지질 않니?' 하는 어리석은 생각에 빠져 있었던 것 같습니다. 그때 처음으로 정훈이가 하나의 인격체로 제가 다가왔습니다. 그러나 정훈이는 굉장히 수동적이고 발전이 더뎠습니다. 장애 정도가 경미했던 어릴 때를 돌이켜 보면 저의 기대에는 늘 미치지 못했습니다. 피아노를 배우고 플루트를 시작하고 오케스트라단원이 되었지만, 그 속에서 저는 정훈이가 더 잘하기만을 기대했다는 것을 알았습니다. 정훈이와 행복하게 살기 위해 음악을 시작했는데 오히려 정훈이를 다그치고 계속 독려만하는 제 자신을 발견하게 되었습니다. 늘 생각하고 다시 생각해봅니다.

정훈이와 어떻게 하면 하루하루 행복하게 살 수 있을까? 합창도 하고 악기 연주도 같이 하며 이것이 직업이 될 수 있다면 좋겠는데…. 지금은 그냥 꿈으로만 생각해 봅니다. 내게 정말로 소중한 내 하나밖에 없는 아들 정훈이, 너무나 연약한 모습으로 이 세상에 오게 해서 엄마가 정말 미안하고 또 미안한 마음입니다.

우리 정훈이는 수영장 가는 것과 오케스트라 연주를 무지 좋아합니다. 그리고 합창 연습하러 가는 것을 가장 좋아합니다. 애쓰시는 굿윌스토어 원장님과 직원 분들에게 깊이 감사드립니다. 우리 아이들을 품어 주셔서 감사드립니다. 초심을 잃지 마시고 저희와 항상 함께해주세요. 감사합니다.

■ 단원: 홍석우(1999년생, 발달장애 2급)
■ 글: 퓨을남(어머니)

이야기 스물

사람들은 살아가다가 고통을 느끼게 되면 자신의 인생을 흔들고 있는 신을 원망하게 되는 것일까? 지내온 시간을 생각하려니 제일 먼저 떠오르는 것이 신을 원망한 것이다. 발달장애가 무엇인지도 몰랐다. 시간이 지나면 좋아질 것이라는 생각으로 시작했지만 시간이 지날수록 받아들일 수 없는 감정들은 하늘이 무너진다는 말로도 대신할 수 없는 것이었다. 없는 답을 찾고 있었다. 정답을 찾고 싶었다. 언제쯤이면 엄마와 눈을 맞추며 감정을 표현할 수 있는 것인지 또 이 상황에서 벗어 날 수 있는 것인지 그것이 알고 싶었지만 들을 수 있는 곳이 없었다. 그렇게 매일 특수교육을 받게 하면서 좋아질 것이라는 기대로 이리저리 여러 교육기관들을 뛰어다녔지만 아들의 변화는 너무나 미미하여 답답한 시간의 반복이었다.

욕심을 내려놓으라고 말하는 주위 사람들에게 역지사지를 말하면서 핏대를 세웠던 시간을 아프게 지나왔다. 다른 것은 다 포기해도 자식이기 때문에 포기할 수 없었기에, 엄마와 아들은 마주 앉아 함께 그림을 그리면서 서로 소통을 시작했다.

그렇게 엄마와의 그림 대화로 15년을 보낸 아들은 이제 해마다 작은 전시회를 열고, 작품과 상품을 제작하여 판매 수익금으로 장애인 단체에 후원하는 일을 6년 동안 계속해오고 있다.

6학년 때부터 지금 6년째 재미있게 음악도 하고 있다. 피아노, 틴휘슬, 플루트, 오카리나 같은 다양한 악기들을 접하면서 새로운 경험을 하며, 많은 사람들과 소통 하고 있다. 무대에 설 수 있는 기회가 많지는 않지만 무대에 설 때마다 자신의 무대를 위해 최선을 다하는 모습이 정말 아름답다. 이러한 활동을 통해 함께하는 비장애인들에게 장애인에 대한 새로운 인식을 갖게 하는 좋은 계기가 되고 있다.

혼자서 하는 작업에 익숙한 석우는 또 다른 삶의 한 페이지에 도전하고 있다. 그것은 혼자가 아닌 장애인 친구들이 함께하는 JL합창단에서 노래하는 것이다. 사람을 좋아하지만 소통의 방법을 몰라 외로웠을 석우에게 정말 좋은 활동인 것 같다. 노래하면서 다른 사람들의 목소리를 듣고 또 그에 맞추어 함께 노래하고…. 무대에 서는 것을 좋아하는 석우에게 앞으로 더 좋은 변화와 행복한 웃음이 있을 것이라는 기대와 믿음이 있다.

함께할 수 있는 아름다운 시간을 허락해준 분들에게 감사를 전하고 싶다. 포기하기보다는 욕심을 하나하나 낮추며 이루어온 것이 지금 내가 웃을 수 있는 이유일 것이다. 그리고 가족이 함께해서 만들어낸 배려의 완성품일 것이다. 이제 아들은 키가 180센티가 넘는 스무 살 청년이 되었다. 장애인 자녀를 키우는 부모라면 누구나 겪었을 수많은 일들을 지나오면서 이제는 웃으면서 말할 수 있도록 함께 어깨 토닥이며 좁은 길을 걸어준 남편과 소중한 분들에게 감사를 드리며 나 자신에게도 어깨를 두드려 주고 싶다. 아들은 엄마, 아빠에게 수시로 이런 말을 건네 온다. "함께, 오래오래 세 명이 같이 살아요." 엄마는 가슴이 먹먹해지지만 감정을 누르며 말하곤 한다. "그래, 우리 오래오래 같이 살자."

엄마와 아들은 무던히도 많이 싸웠다. 서로를 알기 위해 했던 어릴 적 그 감정과 기 싸움들이 이제는 서로를 알고 배려하며 행복하게 웃을 수 있는 너무도 편한 관계로 만들어 주었음을 안다. 엄마가 걸어준 싸움에 기꺼이 반응해 주고, 또 예쁜 웃음으로 반응해준 마음 따뜻한 아들! 엄마 아들이 되어 주어서 정말 고맙고 사랑해.

V BASIC POINTS FOR THE CHRISTIANS' BUSINESS MANAGEMENT

사업 운영의
코칭 기초

사업 운영의
코칭 기초

모든 사업에서의 성장은 결국 두 사람 이상이 모여서 조직을 이루고, 조직 내부의 기업 환경이 잘 통제되고 관리되어 외부 환경에 적응하여 운영되는 경영의 솜씨가 발휘되어야 가능하다. 어떤 사업을 영위할 수 있는 조직의 운영이라는 경영 관리는 반복적으로 일어나는 동일한 부류의 사안에 대하여 의사결정에 일관성을 유지하기 위하여 기업이 정한 원칙이나 실행 절차라는 경영의 기본 방침을 토대로 기업이 환경의 변화에 대응하면서 미래의 경영활동에 대한 의사결정과 대응할 수 있도록 하는 활동계획이라는 경영계획을 작성하는 것이다. 그리고 궁극적으로는 각 조직 구성원의 업무 수행을 효과적으로 수행할 수 있게 경영 조직을 체계적으로 운영하는 것을 의미한다. 그 운영과 경영 관리의 핵심은 조직(또는 사역이나 사업을 운영하기 위한 집단) 전체에 영향을 미치는 '운영(경영)'의 최고 의사결정권자의 정신(精

神)이라고 할 수 있다.

이 책의 목적은 크리스천의 사업이나 교회의 사회복지사역 사업은 향후 거스를 수 없는 영혼구령사역의 대세임을 감안할 때 교회적 사명이 밑바탕에 자리 잡고 있는 크리스천들이 그리고 교회가 그 수행하려는 사역(업)을 시행착오 없이 뜻하는 목적을 달성하며 사업이 영속될 수 있기를 바라는 뜻에서 사업에 필히 수반되는 기초적인 방법들을 공유하고자 함이다. 일반 기업이나 소상공인을 위한 다양한 교육은 국가적 차원에서 매우 활성화 되어 있으며, 대학기관에서 세부적으로 필수교육과정으로 편성하여 교육하고 있다. 편의점을 경영하거나 소형 빵집을 운영한다 하더라도 경영 교육, 마케팅 교육, 요식업 교육, 세무 교육, 사회적경제 교육, 노동법 교육 등등 수없이 많은 교육을 지원하는 프로그램들이 운영되고 있다. 그럼에도 불구하고 크리스천들을 위한 교육 프로그램은 접할 수 있는 곳이 거의 없던 이유로 안타까워하던 마음에 크리스천을 위한 사업의 운영(경영) 방식을 정리하게 되었다. 저자는 크리스천의 이름으로 살아오면서 대기업과 공기업, 요식업과 제조업과 유통업 등 다방면에서 경험하고 축적되었던 경영의 노하우(know-how)를 토대로 크리스천 비즈니스(교회의 교회사회복지사역 사업을 포함)의 본질적인 정신을 소개한다.

사람이 2명 이상이 구성된 단체를 우리는 조직(組織)이라고 부른다. 조직이 형성되면 1인이 움직이는 것과는 전혀 달라지므로 공통적인 약속(규정, 規定, Rule)이 정해져야 하고, 운영 체계(體系)가 정립되어야 한다. 이것을 실현시키는 것이 조직(組織)이라고 할 수 있는데, 그렇게 구성된 조직은 그 사업의 경영이 어떤 방향으로, 무엇을 지향하는지를 간접적으로 파악할 수 있다. 그 역할과 기능에 따라서 조직을 구성하는 것이 일반적이고 보편적이라고 할 수 있다. 개별 조직들을 기능별로 열거해보면 인사 관리, 인사 기획, 노무 관리, 급여 관리, 법무(法務), 지적재산권 관리, 총무, 공무, 경영 관리, 경영 기획, 광고, 마케팅, 영업, 판촉, 고객 관리, 디자인, 대리점 관리, 지점 관리, 해외영업, 해외마케팅, 협력업체 관리, 제조, 제조기획, 제조기술, 상품개발, 공정 관리, 연구개발, 물류관리, 구매, 구매처 관리, 원가관리, 경리, 회계, 재무관리, 후원처 관리, 전산 관리 등등의 부서들이 일반적으로 운영되고 있다. 다시 말해서 기업(혹은 조직)을 경영한다는 것은 필요한 자원을 구매하고 그것을 활용하여 생산하고 판매하는 마케팅과 제반 자금을 관리하는 재무와 회계 그리고 그 모든 과정에 필수적인 사람을 관리하고 운용하는 인사관리 등의 활동을 하게 되는 것이다.

그러므로 조직(組織)이란, 일정한 지위와 역할을 부여받은 사람이나 집단이 '공통의 목적'을 달성하기 위하여 질서 있는 하나의 집단을 이루는 것이라고 정의한다. 조직의 목표를 달성하기 위해 사람과 다른 모든 자원을 활용해서 계획하고 조직하고 활성화하고 통제하는 등등을 수행하는 일련의 과정을 다루는 좋은 조직관리가 요구되고 있다. 많은 관리이론 중 의사결정론이나 시스템이론, 행동과학론과 같은 현대적 조직관리는 조직을 개방된 시스템으로 여겨서 사람을 강조하고 권한의 분권화와 긍정적인 환경 그리고 권위보다는 구성원간의 합의나 동기부여 욕구 또는 민주적 접근법을 특징으로 한다. 즉, 경영하려는 목표에 도달할 수 있도록 미리 검토해 보는 활동(계획)과 계획을 세운 후 조직의 각 구성원들에게 직무와 직위를 부여하여 책임과 권한을 맡기고(조직화), 구성원들이 개별적으로 활동하는 각자의 업무처리가 조직의 목표에 적합하도록 지휘, 경영하는 전체 활동이 계획대로 잘 진행이 되고 있는지를 점검하여 다시 계획을 하고 보완하고 방향을 맞춰주는 일련의 활동(통제)이 경영 관리인 것이다.

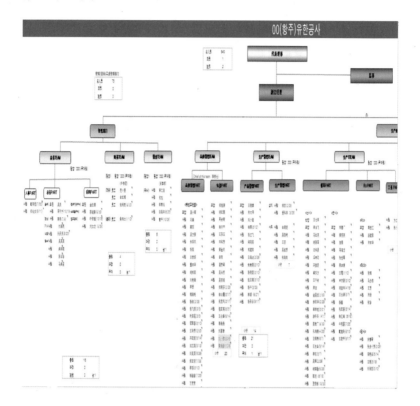

　이렇게 하나의 조직을 구성하는 부서들 중에서 개별적인 접근이 필요한 부서는 별개로 하고 전체적이고 포괄적으로 다루고 있는 몇 개의 부서를 집중해서 소개한다. 인사 부문은 인사 관리, 인사 기획, 노무 관리, 보험과 급여 관리, 경영에 관련된 내용들을 포함한다. 인사(人事)가 만사(萬事)라고 하듯이 경영의 핵심은 인사관리부문이 된다. 조직이 생존하고 목적을 이루고 사업이 성장하려면 당연히 영업적인 부분이 달성되어야 한다. 조

직 생존의 가장 중요하고 지속성을 위한 근원적인 것이라고도 할 수 있을 만큼 비중이 큰 것이다. 제조는 그 조직의 얼굴을 대변할만한 가치를 만들어 내는 것이므로 표준화되고 또한 고도화된 품질관리가 수반되어야 한다. 그리고 모든 활동의 수치화로 집계하는 재무회계 부문을 살펴보고, 경영 관리의 기준과 가치가 정립되어 있어야 한다는 것을 강조해 본다.

사례 1

경기도 문화예술업종의 A기업은 최근 회사의 핵심 관리자를 해고(解雇)했다. 이유는 문서위조, 배임(背任) 등등이다. 내용은 국내의 모(某) 대기업이 캄보디아 프놈펜 근처 개발 지역에 캄보디아 최고의 '음악대학'을 세우고, A기업이 향후 10년간 운영하기로 결정되었다는 사실이 허위(虛僞)였음이 밝혀졌기 때문이다. 그렇게 드러난 허위 사실은 수년간 각종 문화공연행사의 공연 임박한 시점에서 취소가 십여 차례 발생하였고 그때마다 연주자들에게 배상금을 지급했던 것들도 꾸며낸 공연기획이었다는 것이다. A기업은 관리직원의 계획에 맞게 음악대학 운영에 필요한 학장과 직원 채용을 시작했고, 특히 음악대학 운영에 필요한 학장과 운영 준비팀을 꾸려서 6개월 이상을 운영해 오고 있었다.

이 기업의 문제해결점은 조직 시스템의 개선이다. 조직은 2인 이상이 결성된 것으로 소통의 문제가 발생한다. 이런 문제를 없이 하기 위해서 기업은 저마다 운영체계(system)를 갖추고 있다. 그리고 운영체계의 유효성을 수시로 점검하고 확인하는 과정을 계속해서 하게 된다.

사례 2

부산의 노인 돌봄사역사업을 운영하는 어떤 교회의 B법인은 정부로부터
수억 원의 추징금을 회수 당했고, 결국 돌봄사역사업을 정리하였을 뿐만
아니라 교회의 이미지도 적지 않게 실추되었다. 이유는 부정수급을 받아왔
다는 직원의 내부고발이 있었기 때문이다. 사실조사를 거쳐서 추징금이 결
정되었고, B법인은 폐업처리 되었다. 조금 더 내용을 들여다본다면 해당
직원은 원칙이 아닌 방법으로 자료를 만들었고, B법인의 대표자는 그 사실
에 관해서 문제를 인지하지 못했던 것이 원인이었다. 참고로 B법인의 대표
자는 내부 고발한 직원에게 구상권(求償權) 청구 혹은 손해배상 등의 법적
인 책임을 전혀 추궁하지 않고 B법인의 사건을 마무리했다.

B기업의 문제해결점은 원칙을 준수하려는 조직 구성원들의
의지(意志) 그리고 최고의사결정권자의 조직관리 능력과 경영에
관한 기본 지식, 직원들과 소통하는 방법을 구축하는 것이다.

사례 3

경기도 화성의 C기업은 생산과 판매에 직접적인 최소한의 인원을 제외한
나머지 인력을 모두 정리해고 했다. 이유는 재정난(財政難)이었다. 불과 1
년 전까지만 해도 활기찬 기업이었다. 공장을 경기도 화성지역으로 확장
이전했고, 생산설비도 기존보다 배(倍)나 증설했다. 서울과 경기도 내 상당
한 판매망을 가진 새로운 기업과의 공급 약정도 체결이 되어 매출에 대한
기대감도 많았다. 그러나 지금 원자재 값을 지불하기에도 급급한 실정이
되었다. 모든 조건이 좋아보였다. 그런데 1년이 채 못 되어 갑자기 자금이
모자라게 되었고, 결국 직원을 줄이고 사업을 축소하게 되었다.

이 조직의 문제해결점은 공급처 관리와 원가관리를 세밀하게 하여야 하며, 현금흐름표(cash flow chart)와 추정손익관리를 하여 경영의 의사결정 제반에 반영해야 한다.

사례 4

국내 동종업계에서 최고인 D사는 최근 미국계 모(某) 대기업에 주식의 51%를 1천억 원에 매각했다. 비상장된 기업이었기에 30여 년을 경영해 온 경영주에게는 최고의 보람이 되었다. 1997년 외환위기 이후 원가는 두 배 이상 치솟고 판매가는 높일 수 없던 곤란한 상황이 누적되어 2005년 까지 크게 달라지지 않았으며, D사 역시 이 시기를 극복하기 위해서 수백 억 원의 긴급 자금대출도 일으켰다. 그럼에도 좋은 결과를 만들어 냈던 이 유를 살펴보면 악화된 국내 기업 환경에서 꾸준한 원가관리와 판매처(국내 대리점 16곳, 해외 기업 수출) 관리를 강화시켰고, 특히 공정의 개선과 인 력수급의 악순환적 패턴(pattern)을 개선하면서 2006년의 인건비 상승을 'zero'('0', 실제는 7%의 총 인건비가 인상됨, 전체 인원 임금 인상 총액 약 13억 원/년)의 수준으로 억제시켰던 것이 경쟁업체와의 간극을 급격하게 벌려놓게 되었다. 더불어서 최고경영자의 세밀한 원가분석과 품질관리를 끊임없이 반복했던 집념이 있었기 때문이기도 하다.

이 조직의 특성은 기업경영에 관한 기본 지식을 숙지하여 시행하고 있었으며, 조직 구성원들의 바람직한 역할 수행과 경영자의 경영 방향과 성실함이 발휘된 것이었다.

2 인사부문

　모든 기업이나 조직은 최고의사결정권자와 수행자간의 관계가 작용한다는 것을 알아야 한다. 근로기준법에서는 근로자(Employee)와 사용자(Employer)로 구별한다. 근로자란 직업이나 직무의 종류를 불문하고 사업이나 사업장에서 임금을 목적으로 근로를 제공하는 자를 말하며, '근로를 제공하는 자'라는 것은 사용종속관계를 전제로 한다. 그리고 사용자(또는 사업의 경영담당자)라 함은 다른 근로자에 관한 사항에 대하여 사업주를 위하여 행위하는 자를 말한다.

≫ 근로조건의 서면 명시

근 로 계 약	근로계약을 체결할 때 임금, 근로시간, 기타 근로조건을 명시해야 함
명 시 방 법	근로계약서 작성, 근로자가 지정한 전자우편에 등재, 근로자에게 개방된 회사 홈페이지 혹은 내부 사이트에 등재
명 시 사 항	1) 근로계약기간에 관한 사항 2) 근로시간 및 휴게에 관한 사항 3) 임금의 구성항목, 계산방법, 지불방법에 관한 사항 4) 휴가, 휴일에 관한 사항 5) 취업의 장소와 종사하여야 할 업무에 관한 사항 6) 단시간 근로자에 한하여는 근로일 및 근로일별 근로시간

≫ 채용 시 유의사항

거짓채용광고의 금지	구인자는 채용을 가장하여 아이디어를 수집하거나 사업장을 홍보하기 위한 목적 등으로 거짓의 채용광고를 해서는 안 됨(채용절차의 공정화에 관한 법 제4조)
채용광고의 내용 등 변경 금지	구인자는 정당한 사유 없이 채용광고의 내용을 구직자에게 불리하게 변경해서는 안됨(채용절차의 공정화에 관한 법 제4조)
채용광고에서 제시한 근로조건의 변경 금지	구인자는 구직자를 채용한 후 정당한 사유 없이 채용광고에서 제시한 근로조건을 구직자에게 불리하게 변경해서는 안 됨(채용절차의 공정화에 관한 법 제4조)
차별금지	(고용정책기본법) 채용 시 합리적인 이유 없이 성별, 신앙, 연령, 신체조건, 사회적 신분, 출신지역, 학력, 출신학교, 혼인.임신 또는 병력 등을 이유로 차별 금지 (남녀고용평등법) 남녀를 차별 금지, 직무수행에 불필요한 용모., 키, 체중, 미혼 등의 조건 제시 금지(위반 시 500만 원 이하 벌금) (장애인고용촉진법) 장애인이라는 이유로 채용 등에 있어 차별대우 금지 (고령자고용촉진법) 합리적인 이유 없이 연령을 이유로 채용 차별 금지(500만 원 이하 벌금)
구비(작성)해야할 기본 서류	취업규칙, 근로계약서, 임금대장, 연차휴가관리대장, 직장 내 성희롱예방교육 관련 증빙 서류, 근로자 명부, 퇴직관련서류(사직서, 해고통지서 등 / 해고예고 등과 관련한 문제를 포함함), 기타(회사에 따라서 필요로 하는 노무관련 서류)

》 근로자를 해고할 경우 지켜야 할 절차와 사유

(1) 정당한 사유

(2) 해고절차: 징계위원회 개최, 소명기회 제공 등의 준수

(3) 해고시기와 해고사유를 서면으로 통지 (상시근로자 4인 이하 사업장은 적용 제외)

(4) 근로자 해고 시 30일 전에 해고 예고: 30일 전에 해고 예고를 하지 않은 경우 30일분의 통상임금 지급

(5) 해고 금지: 상시근로자 5인 이상의 사업장에 한하여 업무상 부상 또는 질병의 요양을 위한 기간과 그 후 30일간, 산전·산후 여성이 휴업한 기관과 그 후 30일

》 근로자명부 예시

인사부문은 기업을 구성하고 운영하는 직원들의 보이지 않는 기업관, 인생관 그리고 업무수행에 필요한 사고방식을 관리하는 조직으로 기업의 경영자와 가장 밀접한 관계를 맺고 있어야 한다. 어쩌면 경영자 수준의 리더십이 가장 강력하게 요구된다고도 할 수 있다. 크리스천 비즈니스나 교회사회복지사업은 본질적으로 이타적(利他的)인 성품을 기본으로 갖춘 사람들이다. 크리스천 경영자의 지식과 경험이 쌓여갈 때 기업(혹은 교회)의 가치가 변질되지 않고 성장성과 지속성이 담보될 수 있는 근간은 크리스천으로서의 기본적으로 갖춰진 성품이 기초를 둔다. 그러므로 인사 업무 관련한 부서의 직원들을 구성할 때에는 경영자의 가치관을 따라서 항상 밀접한 행태를 취할 수 있는 사람을 염두에 두어야 할 것이다.

인사부서는 인사권(人事權)이라는 권한을 부여받은 곳이다. 이들은 자신의 역할에 맞는 전문 지식을 습득하고 있을 것은 물론이거니와 각종 사례와 노동판례를 학습하는 것이 좋다. 그러나 무엇보다도 기업의 이름으로 징계 권한을 발휘할 때에는 항상 긍휼한 온정(溫情)을 담고 있을 것이 요구된다. 더불어 기업의 모든 조직이 지향하고 품어야하는 '기업성장 기여도'에서 자유로울 수 없는 공통적 요구되는 책임이 있으므로 업무상 취득되는 모든 지식과 자료가 기업 가치를 높일 수 있는 정보가 되도록 만들어 주어야 한다. 그렇게 만들어지는 정보는 기업의 성장과 발전을 위한 직접적인 수치로 나타내 줄 수 있어야 하는 것이다.

인사부문에서도 기업을 경영하기 위한 사업계획 지표에 활용되는 필수 자료를 생산한다. 기업 경영 제반에 관한 인적 자원 기획을 하고, 전체 직원의 급여테이블의 작성과 임금 비용의 누수 통제 그리고 인사부문의 종합적 업무를 활용하여 제조공정관리를 통제하여야 한다.

앞서 예시한 〈사례 4〉에서 다뤘던 D기업은 좋은 본보기가 된다. 아래 차트에서는 매년 인상되는 전년대비 개개인의 급여 인상의 폭과 전체 증가액, 인상비율, 총금액이 비교되고 검토된다. 이렇게 정리되는 차트는 직원 개개인의 성과, 상벌이 반영되고 기업의 제조하는 상품의 원가와 기업 재무부담비율이 어떠한지를 가늠할 수 있게 된다. 특히 새로운 직원을 채용할 경우 그 수준과 정도를 정할 수 있는 지표로도 활용된다. 물론 각 기업에서 관리하는 호봉표(또는 정해진 보수일람표)를 기본으로 하여 작성이 되는 것이다.

≫ 급여테이블예시(급여인상활용)

2007년 급여 조정안

≫ 급여테이블예시(연간 급여와 추가 비용의 총액 점검용)

[000법인 보수 총액 차트] 2007년도

위의 차트에서는 조직의 구성원 1인당 처우수준과 의무적으로 수반되는 부대비용을 검토하여 직원 개개인에게 투입되는 〈1년간의 총 비용〉을 검토할 수 있는 방법으로 작성된 사례이다. 연봉이 5천만 원이라고 하면 단순히 5천만 원만 발생되는 것이 아니다. 그에 따르는 각종 보험료, 사업주가 부담하여야 하는 비용들, 기타 수반되는 복리후생비 등등의 추가로 발생되는 비용들을 총합하여 재무계획에 반영해 주어야 한다. 기본급, 수당, 잔업수당, 기타수당, 월 급여, 원천징수금, 회사부담금, 연봉, 퇴직연금액, 회사 전체에서 차지하는 인건비 총액 등에 관한 정보를 확인할 수 있으며, 전체 비용을 통제하기 위해서 원하는 금액을 시험해 볼 수 있는 관리방식이다.

다음의 2개 도식표는 많은 공정 중에서 대표적인 2개의 공정을 예시한 것으로 제조부문에서 다루어야 할 법한 내용이다. 그럼에도 인사부문에서 다루고자 한 것은 이것을 고민하게 되었던 원인이 있었기 때문이다. 어쨌든 2개월에 걸쳐서 이 복잡한 차트를 완성함으로써 해당 기업에서는 매년 인건비 총액 13억 원의 상승률을 2006년도에는 '0'에 가까운 상태로 유지시켰다. 물론 실제 7%가량의 총액 인건비는 인상이 되었고, 특별 보너스 역시 예전에 없던 200%를 추가 지급했다. 그럼에도 당해 인건비 상승효과가 없었던 이유는 위의 생산 공정(Process) 분석효과 때문이었다고 본다. 결과적으로 동종업계와 경쟁사는 당해 연도 손실을 일으켰고 때문에 상대적이면서 실질적인 경쟁력이 급상승하여 명실상부한 국내 최고의 기업으로 발돋움하게 된다. 생산공정 분석 시 유용하게 활용될 수 있는 이론은 'TOC'방식이라고 자신 있게 제시한다. 제약이론이라고 하는 TOC(Theory of Constraints)이론은 병목현상을 찾아내는 방법이다. 이것은 비단 생산부문에서만 활용할 것이 아니라 모든 업무 시스템, 개발이나 영업 전략에서도 충분히 활용할 수 있는 검토방식이다.

》》 제1 생산 공정 Process

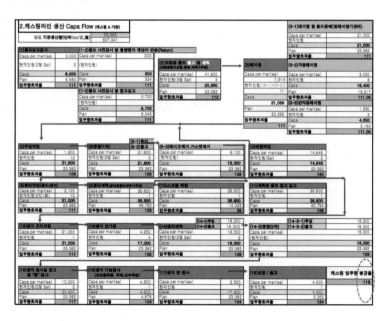

>> 제2 생산 공정 Process

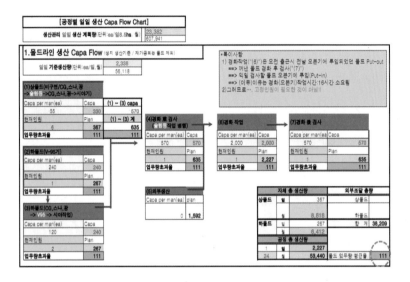

[공정별 일일 생산 Capa Flow Chart]

| 생산관리 일일 생산 계획량(단위:ea/일/8.5hs, 월) | 23,362 / 607,941 |

1.몰드라인 생산 Capa Flow (생치 생산기준 / 자가공료는 몰드 제외)

| 일일 기준생산량(단위:ea/일,월) | 2,338 / 56,118 |

(1)상몰드(비구면/CG,스나,꽁 -> 슬립쩡 ->CG,스나,꽁->시아기)

Capa per man(ea)	Caca		(1) ~ (3) capa
55	390		570
현자인원	Plan	(1) ~ (3) 계	
6	367		635
업무량초과율	111		111

(4)경화 룔 검사 (슬립쩡 작업 병행)

Capa per man(ea)	Caps
570	570
현자인원	Plan
1	635
업무량초과율	111

(6)경화 작업

Capa per man(ea)	Caps
2,000	2,000
현자인원	Plan
1	2,227
업무량초과율	111

(7)경화 룔 검사

Capa per man(ea)	Caca
570	570
현자인원	Plan
1	635
업무량초과율	111

(2)하몰드(V-95기)

Capa per man(ea)	Caca
240	240
현자인원	Plan
1	267
업무량초과율	111

(3)하몰드(CG,스나,꽁 -> V95 -> 시아작업)

Capa per man(ea)	Caca
120	240
현자인원	Plan
2	267
업무량초과율	111

(5)외부생산

Capa per man(ea)	plan
0	1,592

풀이사항
1) 경화작업("(6)")은 오전 출근시 전날 오른기에 투입되었던 몰드 Put-out
   ==> 꺼낸 몰드 경화 후 검사"(7)")
   ==> 일일 검사할 몰드 오른기에 투입(Put-in)
   ==> (이유)이유는 경화(오른기)작업시간:16시간 소요됨
2)그러므로…, 고정인원이 필요한 것이 아님!!

자체 총 생산량			외부조달 총량	
상몰드	일	367	상몰드	
		8,818	하몰드	
하몰드	일	267	합 계	38,209
		6,412		
공정 총 생산량				
1	일	2,227		
24	일	53,440	몰드 업무량 평균율	111

>> 생산계획 총량

● 2006년 완제품 생산계획

품목No.	월	근무일수	작업장	모품목코드	품목명	규격	적용	생산계획	
								월생산(개)	일일계획
1438	9	26	****	1MGEB	155002002	65	(P4/3)	682	26
1438	9	26	****	1MGSB	155002005	65	(01.5+P2/2.5)	13,834	532
1438	9	26	****	1MCRB21	155105002	65	(P4/3)	1,530	59
1438	9	26	****		소계			514,145	19,775
1438	9	26	****	1CGRA	150003151	70	(0×1.2)	107,130	4,120
1438	9	26	****	1CGRS/B	150003152	70/65	(0×1.2)	14,400	554
1438	9	26	****	1CGDA	150003153	70	(0×1.2)	11,890	457
1438	9	26	****	1CGDB	150003154	70/65	(0×1.2)	732	28
	9	26	****1		소계			134,152	5,160
	9	26	****2		합계			1,215,882	46,765
								607,941	23,382

위의 생산 공정 Process 차트와 생산계획 총량을 예시로 보여주는 것은 'TOC이론을 기반으로 한 인사관리 시스템의 개선'을 보여주기 위함이다. 앞서 〈사례 4〉에서 예시한 D기업은 매년 2월부터 5월까지는 최대치 생산량을 달성해야할 시기이기에 많은 인력이 필요하게 되고, 9월부터 11월까지는 시장의 수요가 줄어들어 많은 인원이 직업을 잃게 되는 현상이 나타났다. 그런 현상은 최근 7년 가까이 반복되어 왔다. 2017년에도 생산부서에서는 대거 인력 채용을 요청하였고, 몇 개월 후에는 오히려 과잉 인력을 처리해 달라는 요청을 인사부서에 해왔다. 심지어 책임을 인사부서로 떠넘겨서 정리할 인원을 인사부서로 보냈다. 이것이 원인이 되어 인사부서에서는 생산 공정 전체를 세밀하게 분석하기 시작했다. 3개월여의 시간을 들여서 전체 직원들의 협의와 도움을 받아 생산 공정을 분석하게 되었고, 매일 변경되는 총 생산량의 목표를 달성할 수 있는 공정 방식을 분석하던 끝에 상하반기에 각각 30명의 추가 인원 필요와 30명의 인원이 과잉으로 진단되었다.

해결해야 할 과제는 (1) 동료 직원을 대량 명예퇴직 시켜야 하는 고통과 (2) 1주에서 2주 이내에 숙련될 가능성이 있는 많은 직원을 1개월 이내에 채용하기란 현실적으로 어려운 문제였다. 때문에 생산에 투입되는 인원이 1년 내내 안정적(stability of manufacturing labors)이어야 하고 직원 상호간의 반목(反目)이 양산되지 않을 방법을 찾아내야 했다. 공정의 분석은 크게 2개의 부분으로 검토했다. 하나는 사람이고, 다른 하나는 기계(설비)이다. 그렇게 생산 공정을 분석한 후 제품을 생산해야할 물량을 기입하여 각각의 공정에서 '과부화' 여부를 진단하고 인력 투입으로 해결할 수 있을 것인지, 설비를 늘려야 할 것인지를 구분했다. 실상 설비를 늘린다는 것은 막대한 투자비용이 필요하기에 기계설비에서 생산되는 물량을 생산계획과 공정 과부화율의 기준으로 삼았다.

아래의 도표는 생산의 모든 제조공정을 분석하여 총합한 〈통합차트〉이다. 전체 공정에서 처음 M공정과 C공정에서는 11.3%와 17.9%의 과부화가 나타난다. 전체 평균률도 놓치지 말아야 할 정보이다. 90.8%라는 것은 하루 일과시간 중 9.2%의 생산할 수 있는 여유가 있다는 것을 의미한다. 이것을 토대로 다양한 방법을 사용할 수 있다. 앞의 2개 공정은 20% 가량 초과근무로 과부화 문제를 해결할 수 있을 것이다. 그런데 인사부문에서 이 정보를 눈여겨봐야할 것은 '사람에 대한 온정을 발휘할 것이냐?'의 가치판단이다. 생산부서에 100%의 생산성을 요구하면 반드시 예기치 못했던 곳에서 사고가 발생하여 전체 생산량이 감소되고 결과적으로는 그나마 90% 가동률에도 훨씬 못 미치게 되는 경우가 생긴다. 그러므로 기업 내부의 법(法)을 다룬다고 하는 인사부서에서는 생산가동률 100% 중 87%~92% 정도의 수준에서 관리하고, 나머지는 생산부서 자체적인 성실함으로 발휘되도록 맡기는 것이 좋다. 생산 공정에 대한 분석과 조율로 결국 고질적인 인력 감축과 충원의 문제는 해결이 되었다. 오히려 1년간 발생하는 총 인건비를 절감시켰고 직원들은 직장이 안정됨으로 서로를 배려하고 격려하게 되었으며, 해당 기업은 명실상부한 국내 최고의 기업으로 올라선다.

≫ 전체공정 분석 결과표

전체 공정 생산 Capa Chart 〈작성일 : 2006.09.21〉

전체 공정별 업무량 초과율	M**Line	CastingLine	HardCoating	MultiC.	Q.C	Packing
	111.3	117.9	82.7	71.3		
전체 공정별 업무량 평균율	90.8					

인사부문은 조직이 운영되는 가장 기본적인 법률에서 정하는 바를 숙지할 필요가 있다. 관련 법률에는 근로기준법, 노동조합 및 노동관계조정법, 노동위원회법 등등 노동자와 기업 간의 불평등을 해소하기 위해 노사 간의 관계를 규정한 법률이 있다. 산업재해보상보험법, 고용보험법, 최저임금법률 등이 있으며, 앞으로 미래사회를 위한 조직(또는 기업) 내 인사부문의 사업 방향은 학습능력이 있는 직원들을 개발하고 양성해야 하며, 권한의 위임을 수행할 수 있는 직원들을 조직 전체로 구성하는 방향이어야 한다. 수년 전까지만 해도 '핵심인재'라는 직원의 구분을 두려고 했으나 이제는 그런 분류가 따로 있을 수 없다. 조직을 구성하는 모든 사람이 저마다의 특성과 재능을 발휘하는 핵심인재들이 되어야 하는 것이다. 역으로 말하면 핵심인재가 아닌 사람은 채용을 해서는 안 되며, 채용된 사람은 그 조직, 그 기업 내에서는 반드시 핵심인재가 되어야 한다는 것을 의미한다. 더 이상 기업은 직원들에게 학습을 시켜주는 곳이 아니다. 기업에서 직원들은 각자의 전문적 역량을 발휘해야 한다. 기업은 장소(무대)를 제공해 줄 뿐 조직을 구성하는 전체 직원들은 역량과 재량을 발휘하여 맡은 바 소임을 최선의 성실로 직무를 감당하고 성과를 드러내고 조직의 목표를 달성해 내야 한다. 인사부문의 업무 처리를 위한 가치기준은 이러한 기업의 욕구와 기업의 추구하는 거대담론을 확산시켜 나가는 방향이어야 한다.

영업부문(판매 · 마케팅 · 후원자개발 · 자원개발)

영업부문에서는 접근하는 방식이 수없이 많고 다양하며 저마다 특성이 있으므로 각자의 특성에 맞는 전략을 펼치면 될 것이다. 기업의 가치에 따라서 판매 방법의 전략과 정도(正道)가 달라질 수 있다. 시장의 가격을 파괴하여 기존 시장을 흔들 수도 있고 거침없는 박리다매(薄利多賣) 전략을 전국적으로 펼쳐서 수익보다는 현금의 흐름만을 발생시키려고 할 수도 있다.

어떠하든지 간에 모든 경영가들이 공통적으로 고려해야하는 사항들이 있다. 그것은 원가(raw cost)와 마진(margin)구조를 파악하고 있어야 한다. 제품별로 '기여도'가 다르다는 것을 분석해 두어야 한다. 그리고 특히 '판매'라는 것은 단순히 물건을 파는 행위가 아니라 '서로간의 인격(人格)'이 왕래하는 과정이라는 것을 명심해야할 것이다.

A, B, C 상품이 매출액 1천만 원을 만들어 내고 있다고 가정해보자. 1천만 원의 매출액을 분석해 보니 A상품은 5백만 원을, B상품은 3백만 원을, C상품은 2백만 원을 차지한다고 하였을 경우 A상품이 가장 기여도가 좋으니 B와 C 상품은 줄이고 A상품으로 전문화하여 기업을 경영하겠다고 단정할 수 있을 것인가? 그렇지 못하다는 것은 분명하다. A상품은 480만 원이 원가이고,

B상품은 2백만 원이 원가이며 C상품은 70만 원이 원가일 수도 충분히 있다. 그러므로 경영자는 반드시 각 상품의 원가와 마진 구조를 파악하고 있어야 하며, 각 상품에 대한 시장의 환경을 통찰하고 있어야 한다. 기업을 운영되게 하는 현금을 만들어 내는 품목과 기업의 미래를 대비하는 품목을 구별하여 기업경영의 전략을 세워야 할 것이다.

공통적으로 적용될 수 있는 추가적인 것들은 공급망관리(SCM, supply chain management), 4P 마케팅믹스전략(가격 Price, 유통 Place, 상품 Product, 판촉 Promotion), 원가관리, 마진관리, 마케팅에 포함되어 있는 기업의 이미지 관리이다. 그러나 무엇보다도 영업부문에서 다루어지는 이러한 공통적인 사항들조차도 경영자의 기업경영 가치관이 기본(基本)으로 작용한다는 것은 부인(否認)할 수 없다. 재차 강조하는 것은 영업(마케팅, 판매)은 서로간의 '인격'(人格)을 교류하는 것이다.

시장 환경은 중앙대학교안성캠퍼스의 예술대학, 체육대학, 기

사례 ❶

피자 베이뚜스 가게는 자본금 4천만 원으로 개업한 후 3개월은 약간의 손실이 발생했으나 이후 경영자가 직장 생활하는 것 이상의 소득을 일구어 내었다. 소상공인의 안정적인 운영으로 정착될 확률이 30% 이하임에도 불구하고 20평의 매장에서 10년 넘게 운영하고 있다.

숙사, 기타 학과, 원룸촌이 있으며, 5km 거리에 제1산업단지가 있고, 10km 거리에 제2산업단지가 있으며 5km 거리와 10km 거리에 아파트 단지들이 있다. 경쟁사로는 피자업계의 대기업 도미노피자와 유명 브랜드 5곳의 피자 가게 그리고 치킨 가게가 20여 곳이 있다. 월 평균 한 대의 배달 오토바이 사고로 수리비는 50만 원 혹은 심지어 오토바이 한 대를 구매할 정도인 1백만 원이 발생했다. 경쟁은 치열했다. 저마다 생존을 위해서 상품을 팔았고, 든든한 자본력으로 시장을 장악했다. 그러면 피자 베아뚜스는 어떻게 생존하고 소득을 보장받을 수 있었을까?

》 거래처 매출현황 추이표

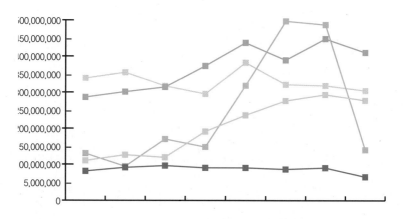

(거래처 매출 현황을 매월 추적하여 계획했던 흐름으로 움직이는 지를 관리하고, 거래처의 이탈현상 유무를 사전에 감지하여야 한다.)

특이할만한 사실만 소개한다면, 15가지 상품의 원가 구조를 파악했고, 마진 구조가 매우 좋은 신규 상품을 개발했다. 또한 개발된 신규상품은 건강식으로, 맛이 좋고 성실한 가게라는 이미지를 구축하도록 했다. 시장에 관해서는 날짜별, 요일별, 월별, 계절별, 사안별로 분석하여 공략하였던 것이 성공적 요인이었다.

상품마다 도우, 토핑재료, 토핑되는 치즈의 양, 오븐에서 소요되는 시간, 박스와 부산물들의 원가를 최대한 파악하고 분류하였다. 이것을 응용하여 도우를 개발하였는데 제주도 선인장 열매의 가루인 '백련초'를 사용한 건강식으로 컨셉(concept)을 정하고 보기에 좋도록 색깔을 냈다. 당시만 해도 백련초를 원재료로 사용하는 곳은 없었다. 주요 원재료가 되는 치즈는 보편적으로 사용하던 60% 이미테이션 치즈(imitation cheese) 대신 이미테이션이 섞이지 않은 100% 치즈를 사용했다. 이것을 토대로 간식이 필요한 여학생들의 기호에 맞게 도우가 얇고 바삭하면서 100% 치즈를 듬뿍 얹은 '크리스피 피자'(crispy pizza)를 출시하였고, 축산물을 공급하는 축산진흥공사 협력업체에서 싱싱한 채끝 등심을 구입하여 스테이크 피자를 출시하였다. 한 판의 값은 29,900원으로 피자헛의 가장 비싼 상품과 비슷한 가격이다. 이런 상품들이 수련원으로 1회에 100판씩, 요양원과 공단으로 10판씩 수시로 판매되었다.

시장은 원룸촌, 학교(특히 시험기간), 공단, 아파트 단지 등등을 구분했다. 학교 특성상 방학이 되면 원룸촌에 남아있는 학생들이 현격히 줄어서 매상이 줄어든다. 이것을 보완하기 위해서 대학교 방학 기간에는 공단과 수련원과 요양원 등의 기관들을 공략했다. 주변 아파트 단지는 소득이 발생하는 시차를 두고 공략했다. 어떻게 확인할 수 있느냐고? 아파트 단지 전체에 몇 차례 전단지를 살포해 보면 구매가 나타나는 특정한 시기를 파악할 수 있게 된다. 공무원과 일반 기업의 월 급여 날짜가 다르고, 상여금이 지급되는 일정이 다르다. 이런 상황들을 고려하여 내부와 외부의 시장 통제력을 확보해 나갔고, 심지어 최소 자본금 5억 원의 피자업계의 거인 '도미노피자' 가게를 넘어설 수도 있겠다는 투지도 생겼다.

그리고 매우 특징적인 것 중 하나는 가게의 간판에 '가치'를 담았다. 처음에는 체인점 간판을 사용했으나 3개월 후 독자적인 브랜드를 사용했다. 가게를 운영하는 신앙의 신념을 "עְמַשׁ הְוֹהְיָ דְחָאָ סיהֹלָאָ הְוֹהְיָ לְאֵרָשְׂיִ"(Hear, O Israel: The LORD our God is one LORD, 이스라엘아 들으라 우리 하나님 여호와는 오직 하나인 여호와시라, 신명기 6:4) 삼아서 '피자 베아뚜스'라는 이름을 정했다. 곧바로 실용신안 등록 접수를 시켰고, 일정 기간이 지나면 실용신안 등록이 확정된다. 베아뚜스라는 말은 라틴어로 '나눌 것이 많은'이라는 풍성한 나눔을 의미한다. 성품이 좋은 사람, 많은 재물로 이웃에게 나눠주는 물질, 넉넉한 포용력으로 사람들을 품을 수 있다는 의미의 '넉넉함'을 담은 표현이다. 가게의 이름에 '가치'를 담아서 경영의 지표를 삼고 내부의 변화와 외부의 통제력을 충분히 활용했다고 여겨지는 사례이다.

4 제조와 품질관리 부문

제조부문은 제조 공정에 관한 분석과 공정별 수용능력(Capacity)을 기본적으로 파악하고 있어야 한다. 제품의 품질은 기업의 '얼굴'과 같은 것으로 그 기업의 '가치'를 담아야 한다(제품과 상품의 구별은 그 상태로 판매가 가능한 것을 상품이라고 하며, 상품에 준하는 상태를 제품이라고 이해하면 좋겠다). 그러므로 품질관리와 밀접하게 연결된다. 품질관리(Q.C)와 품질보증(Q.A)은 다른 개념이다.

불량률 Zero를 지향하는 국내 자동차부품업계에서는 5Star 등급제도나 2차 협력업체를 위한 SQ마크인증제, ISO규정이나 식품제조회사를 위한 HACCP제도를 비롯한 각종 품질관리와 품질보증을 위한 제도들을 운영 중이다. 기업운영에 있어서 품질을 관리하고 보증할 수 있는 기업은 기본을 갖췄다고 인정이 된다. 본질적으로 제조는 생산성을 향상시킬 수 있는 방법을 '항상' 강구해야 한다. 작업자의 실명제 도입은 이미 오래된 대안이 되었다.

≫ 품질관리 4M 분석 Process

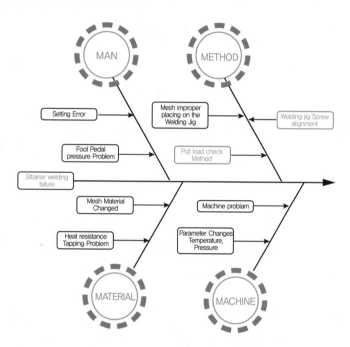

(Man, Material, Method, Machine)

구매부문에서는 무엇보다도 조달이 핵심이다. 단순히 원자재와 물품을 구매하는 행위이지만 거기에도 보이지 않는 치밀한 철학이 있다. 기업이 상품을 안정적인 판매 가격으로 유지하고 마진구조를 높이거나 유지할 때 가장 중요한 것이 '원재료 품질의 안정', 구매의 '최적합 시간' 그리고 '원가'를 통제하는 일이다. 시장의 특성상 판매가격을 높이기는 어렵다. 판매가격은 외부통제력이 강하게 작용한다. 원자재의 수급은 구매부문에서 관리력을 발휘해 주어야 한다. 세계적인 자동차 제조회사들은 부품회사들의 원가관리에 깊숙이 관여한다. 부품을 납품하는 업체들의 원가구조를 파악하고 있으며 심지어는 원재료의 국제시세와 유통가격을 통제한다. 원재료 조달과 가격은 다방면에서 검토되어야 한다. 국내외의 정세와 환율, 국제적인 소비량, 관세와 물류비용 등 종합적으로 조사하고 검토하고 관리되어줘야 한다. 이것이 안정적으로 관리될 때 기업은 타경쟁사와의 경쟁에서 안정적으로 상대적인 경쟁력 우위를 갖게 된다.

구매부문은 또한 재고관리를 겸하게 된다. 원자재의 관리는 구매부문에서 관리하는 창고에서 관리될 것이며 선입선출(先入先出)의 원칙하에 관리된다. 그러나 어느 시점에서 재고를 조사하게 되면 선입선출방식은 원칙뿐이고 오래전에 구매된 자재가 그냥 적재되어 있다. 이것은 결국 기업의 손실로 이어진다. 원자재를 사용할 수 없는 상태를 불용재고라고 하며 악성재고라고도 한다. 비단 재료를 사용할 수 없기 때문만이 아니라 그 자재 값만큼의 자금이 오랜 동안 묶여 있어 기회비용을 잃게 되고, 종국에는 불용재고라는 낭비로 이어진다. 이 뿐만이 아니다. 제조에 투입된 공정재고는 관리가 더 어렵다. 때문에 제조공정상의 원자재와 공정재고(반제품)의 재고가 관리되지 않으면 엄청난 손실로 이어질 수밖에 없다. 세계적인 자동차 기업의 JIT(Just in time)생산방식은 그러한 기회비용의 손실을 개선하기 위한 방법이었다.

그러나 이러한 관리를 작업자에게만 의존한다면 기업의 발전은 요원(遙遠)한 것일 수밖에 없다. 사람의 기억력에 한계가 있으며 신체적 작업능력이 24시간 365일 일정하지 못하기 때문이다. 가장 좋은 방법은 물리적인 시스템을 갖추는 일이다. 선입선출이 자연스럽게 일어날 수밖에 없도록 환경을 조성해 주는 것이 필요하다. 부수적으로 필요한 소프트웨어(software)적인 시스템은 각자가 고민해볼 일이다.

재고관리의 물리적 시스템 개선 방법

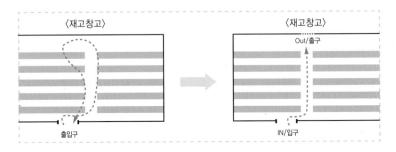

원자재 구매 계획(월, 연)

	Project Name	Part Name	Part Price	Runy/Actual cavity	Material	GRADE	Part weight (g)	Customer order	Despatch Quantity	sales amounts	Customer order	01.06.2011 Op. stock - SEMI FINISHED	Prod Plan Qty	Material reqirment (kg)	sales amounts
								MAY '11			June '11		Mutual Pond - June '11		
	HICI 0	Stu****	31.36	2/2	PA6	K222D	13.7	0	0		0	3420	(700)	(147)	
	T8** P.L	6/**** TBI	8.40	2/2 no	POM	F10 -03H	24.0	2,250	1380	15,272	3,000	1291	639	29	35,200
	Common	Uppe ***- Black	12.26	4/4 no	POM black	PG2025	23.1	41,000	42800	524,728	50,000	10914	16770	628	613,000
		Uppe ***- Ford	12.26	4/4 no	POM brown	PG2025	23.1	8,000	2580	35,308	6,000	2436	1894	43	73,560
	PA/P6	Filte****	24.25	2/2	PA6	K222D	17.4	71,000	48900	1,185,920	66,000		66000	1149	1,600,360
	PA- Asse - 0x	***Man	5.30	2/2 no	POM skyblue	F25 -03	2.0	61,000	61000	320,300	45,500	8727	36773	74	241,130
	PA- Asse - 0x	*** Nozzle	5.30	8/8 no	POM	F25 -03	0.5	21,000	19270	102,025	26,300	24108	(4128)	(2)	
	HCI/T8 / PA	P/**** Plug		8/8 no	POM	F10 -03H	0.5	34,750	34,935		48,500	51,924	(3456)	(1)	
	PA/P6	Case E***	3.80	2/2	POM	Duracon	26.5	63,000	59300	321,900	63,000	3164	59898	1510	379,000
	PA/P6	Plate E***	1.81	2/2	POM	Duracon	5.5	66,000	54750	99,008	62,000	13501	48579	246	112,220
	T8I P.L	P/***	31.10	1/1	POM	F25 -03	138.0	500	885	27,524	2,000	287	1713	233	62,300
	P6	D****Cap-White		4/4	P6	PP 320 NAT	0.3	71,000	0		66,000		66000	20	
	FIESTA	R**** Plate	36.22	1/1 no	POM	F25 -03	160.0	14,000	9702	293,384	11,000	2865	6363	1002	332,420
		3i**** Gd	32.53	1/1 no	POM	F25 -03	160.0	0	0		11,000		0	0	
		P*** Pin			Duracon	Fiesta Pin	4.0	0	0				11000	44000	
		2*** Pin					6.0	0	0				0	0	
	R8I	Si***** - Gd	38.00	1/1 no	POM	F10 -03H	140.00	2,500	1938	73,588	2,000	1647	(622)	(87)	76,000
		Cap ****9N6	3.00	8/8 no	POM	F25 -03	4.54	2,500	500	1,500	3,500	3056	(556)	(3)	10,500
		Filter *** Gd	35.90	2/2 no	PP	PP 320 NAT	17.00	2,500	3000	70,000	3,000	7772	(4772)	(82)	105,000
							0.30				3,000		3000	0.9	
	HX0	P****	19.33	1/1 no	POM	TICONA	114.0	14,000	11900	230,027	11,500	4608	6792	774	222,163
	HX0	8B****	9.72	1/1 no	POM	TICONA	74.5	0	3600	34,992	14,500	0	14500	1080	140,940
	LC0	St****		2/2 no	POM	K222D	3.1	4,280	5000		4,025	6631	(2606)	(8)	
	P6	Mahendra - strkiher (300 Micron)	27.21	2/2 no	PA6	K222D Mesh	14.9 / 1.0	0	0		0		0	0	
	P6	Mahendra - strkiher (150 Micron)	27.21	2/2 no	PA6	K222D Mesh	14.0 / 1.0	7,000	7,300	198,633	0	3,103	(4084)	(82)	
	TATA	Fuel strainer assy (150 Micron)	23.13	2/2 no	Duracon	M90 -44	16.5	3,000	3100		4,000	2200	1800	20	92,520
							Total	749,600	611,563	5,164,860	731,125		437,279	54,704	6,064,742

연간 계획을 매월 업데이트 하여 관리하는 방식으로 원자재구
매계획의 예시표로 해당 제품별 재료와 중량, 규격, 단가, 환율,
중량, 구매총액, 생산 가능 수량, 생산에 따른 매출액 규모를 종
합하여 정보를 파악할 수 있음

이것은 비단 제조업에서의 원자재 또는 공정재고 관리 방식에
만 국한되는 것이 아니다. 이러한 방식을 사례로 제시하는 것은

특정 방식을 고착화 시키고자 함이 아니라 참고해서 원칙을 이해하고 각종 사안에 대한 문제해결 방법을 창의적이고 종합적으로 고찰하여 통찰이 담긴 업무시스템을 실현해 낼 수 있기를 바라는 것이다.

6 재무회계부문

일반적으로 회계는 재무회계와 관리회계가 있으며 재무회계에서는 재무상태표(財務狀態表), 손익계산서, 이익잉여금처분계산서, 현금흐름표 등이 있으며, 관리회계는 기업이 조직을 계획하고 관리하고 활동하고 조정하기 위해서 문서화하는 것을 말한다. 경영가라면 별도로 시간을 할애해서 회계와 관련한 학습을 반드시 해두어야 할 것이다. 자금 운용에 있어서는 '원칙'을 준수하는 것만한 효자는 없다. 원칙을 지키지 않아서 5년 혹은 10년후에 막대한 세금을 추징당하는 경우가 적지 않다는 것을 알아야 한다. 비단 그것이 문제라고 하기보다는 경영자의 기본 성품이 '원칙'을 존중할 줄 알아야 한다. 일일자금현황, 추정손익계산서의 추적 관리는 두말할 나위 없이 일상으로 관리하고 있어야 한다.

기업을 시작하고 운영하고 새로운 프로젝트를 시작할 때에 필수적으로 관리하고 점검해야 할 사항들을 연간 매출 1조 5천억 원의 기업 사례를 통해 살펴보겠다.

기업을 시작하거나 새로운 프로젝트를 추진할 경우 '투자비용'이 발생하기 마련이다. 특히 설비에 관한 비용은 그 금액이 크고 사업의 필수 도구가 되므로 구매 약정에 따라서 대금을 지급해야 한다. 그런데 그 계획을 제대로 실행하지 못할 경우 자금의 융통성이 막히게 되어 사업에 차질이 빚어지게 되고, 결국에는 막대한 손실을 초래하게 된다.

≫ 설비 매입처 지급 계획서

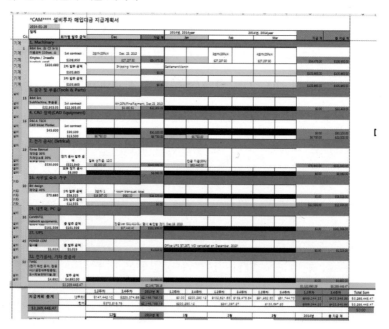

모든 자금은 1일(日) 입출금을 단위로 1년의 범주로 관리되어야 한다. 여기서 계획된 정보는 월간 추정손익계산서에 당연히 반영이 되어 단기간과 중장기적으로 사업성의 효과를 미리 보여줄 수 있게 된다. 일별로 자금의 입출금 계획이 관리되지 않으면 경영자가 영업활동과 투자활동과 재무적 활동에 대한 의사결정을 내릴 수 있는 각종 지표가 정확하게 관리되지 못하여 원활한 경영을 어렵게 만든다.

≫ 일일 자금집행 계획서(일, 주, 월, 연 종합)

마지막으로 추가할 팁(tip)은 신규 사업이나 새로운 프로젝트는 경영자와 직원 모두가 손익분기점(BEP)의 시점을 판단하고 있어야 한다는 것이다. BEP(Break Even Point)를 점검하는 기준은 금액, 수량, 시간이 있다. 통상적으로 달성할 금액을 기준으로 표시하지만, 그것을 달성하기 위해서는 몇 개를 생산해야 하는지를 예측하는 것이 좋다. BEP 금액이나 생산 수량은 언제쯤 달성할 수 있는지의 '시기'를 가늠하는 것도 필요한데, 그것은 시장의 수요 추이를 살펴야 하기에 BEP를 달성하기 위한 시점을 단축하기 위한 마케팅 전략에 도움을 제공하며, 생산에 따른 원가관리와 기업 운영에 따른 경영환경을 조절하는 데에도 지대한 공헌을 한다.

≫ 재무상태표 예시

(차변)	재무상태표	(대변)
자산		부채
유동자산		1) 유동부채
1) 당좌자산		2) 비유동부채
2) 재고자산		
비유동자산		1) 자본금
(1) 투자자산		2) 자본잉여금
(2) 유형자산		자본 3) 자본조정
(3) 무형자산		3) 기타포괄손익누계액
(4) 기타비유동자산		4) 이익잉여금

경영자가 BEP 개념을 이해하고 있다는 것은 원가구조를 이해하고 있다는 의미가 되며, 이것은 여러 가지로 긍정적인 효과를 만들어 낼 수 있게 된다. 순이익을 만들기 위해서는 고정비를 통제하고 변동비를 줄일 수 있는 전략을 찾으려고 노력할 것이다.

예를 들어서 4종류의 뻥튀기를 판매하는 사업이라고 할 경우 어떤 상품을 덤으로 서비스를 해줘야할지, 얼마만큼을 덤으로 서비스 해주어도 되는지를 판단할 수 있게 되므로 고객에 따라서 충성 고객으로 전략을 구사할 수 있게 되는 것이다.

조직의 각 부서별로 자금의 일일 입출금 계획서가 취합되면 월별 추정손익계산서를 관리할 수 있게 되며, 이것은 경영자로 하여금 단기간 그리고 중장기의 사업성을 가늠할 수 있게 해준다. 유의할 것은 추정손익계산서는 한번 작성했다고 해서 완성본으로 생각하면 절대로 오해이다. 기업 경영을 위한 관리 지표일 뿐이므로 수시로 업데이트(update) 시켜 항시 살펴서 관리해야할 지표이다.

》 손익분기점 판단 차트

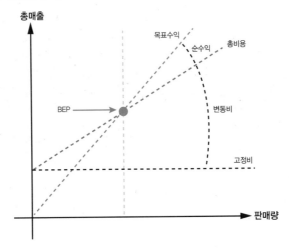

≫ 추정 손익계산서(관리항목별)

2014년도 CAM**** Ltd 추정 손익 현황
Year 2014

구분		English	7월	8월	9월	계	전년대비 (12월 vs 11월)	전년대비 (9월 vs 10월)
1.수입액	1)순수CM		73,454.45	519,173.20	566,954.25	4,429,517.28	0.00	(122,804.43)
	2)임가공비 차액	**** in subcontract	0.00	0.00	0.00	0.00	0.00	0.00
	3)C/BOX CHARGE차액	packing				0.00	0.00	0.00
	4)수입비용 차액					0.00	0.00	0.00
	5)WSG+PRT+EMB CHARGE 차액	Outsourcing process gap				0.00	0.00	0.00
	6)Shortage & OverShip					0.00	0.00	0.00
	7)수 입 계		73,454.45	519,173.20	566,954.25	4,429,517.28	0.00	(122,804.43)
2.일반관리		General expense	349,912.00	641,748.00	647,838.00	7,015,161.00	0.00	546.00
3.영업손익(±)		Operating profit	(276,457.55)	(122,574.80)	(80,883.75)	(2,585,644.52)	0.00	(123,350.43)
4.특별경비	AIR FREIGHT CHARGE	AF – KT				0.00	0.00	0.00
		AF – HST				0.00	0.00	0.00
	소 계	Sub total	0.00	0.00	0.00	0.00	0.00	0.00
	사고클레임(Claim 등)	Claim	0.00	0.00	0.00	0.00	0.00	0.00
	창업비(설립초기셋업)	Established expense				0.00	0.00	0.00
	노후자산교체(유지보수 등)	Old asset replace, Repair, maintenacy				0.00	0.00	0.00
	기타(closet비용 등)	Etc				0.00	0.00	0.00
	소 계	Sub total	0.00	0.00	0.00	0.00	0.00	0.00
	특별경비 계	Total	0.00	0.00	0.00	0.00	0.00	0.00
5.경상손익(±)			(276,457.55)	(122,574.80)	(80,883.75)	(2,585,644.52)	0.00	(123,350.43)
	(+) 재고판매	Stock sales				0.00	0.00	0.00
	(+) 외주관리부담금	Outsourced management charges	6,504.45	45,973.20	50,204.25	392,232.26	0.00	(10,874.43)
	(+) 기타입금	Etc				0.00	0.00	0.00
	(+) 기타상각액	Other input income	0.00	0.00	0.00	30,000.00	0.00	0.00
	(-) 감가상각비	Depreciation and amotization	9,075.84	9,075.84	9,075.84	108,910.02	0.00	0.00
	(-) 기타지출	Other expense	18,101.70	18,101.70	18,101.70	217,220.43	0.00	0.00
6.순 손익(±)		Net Income	(297,130.64)	(103,779.14)	(57,857.04)	(2,489,537.70)	0.00	(134,224.86)
7.자본적지출	7)자본적지출	Capital expenditure	289,217.85	26,500.00	0.00	993,896.90	0.00	0.00
8.자본적지출 반영 후(±)			(586,348.49)	(130,279.14)	(57,857.04)	(3,483,434.60)	0.00	(134,224.86)

≫ 추정 손익계산서(세부항목별)

■ CAM**** Ltd. 2014년도 추정 손익 계산서 (사업 1차년도)

조직의 관리, 운영, 경영의 방법적인 전략은 결국 그 조직의 구성에 반영이 된다. 규모가 큰 기업에는 당연한 것이며, 소규모 인원이 모인 기업 조직이라 할지라도 놓칠 수 없는 경영의 중요한 요인은 '유기적 조직'을 끊임없이 지향하는 것이다. 구성원들 간의 역할이 분명하고 그 역할들은 협력적이도록 하는 유기적인 조직 운영으로 나타나야 한다. 때문에 명령과 전문화, 통제, 우임과 조정, 분업과 협력, 책임과 권한이 통찰되어 조직을 구성하고 운영해야 한다. 이것은 경영자(최고 의사결정권자)와 중간관리자가 이해하여야 할 필수 덕목이며, 조직을 구성하는 모든 사람들에게도 동일한 가치관으로 인식되어야 한다.

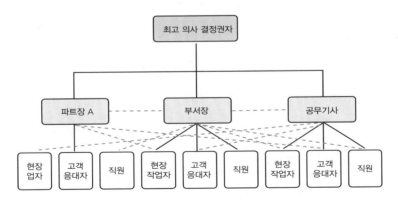

※ 이 방식은 기능별로 운영되는 조직형태이며 모든 작업자를 지휘하고 감독하는 수평적인 관리체계이다. 분업화에는 적합한 조직형태일 수 있겠으나 모든 구성원들의 흐트러지지 않는 기업의 가치, 조직의 목표, 조직의 이해도가 분명할 경우에 좋을 수 있다.

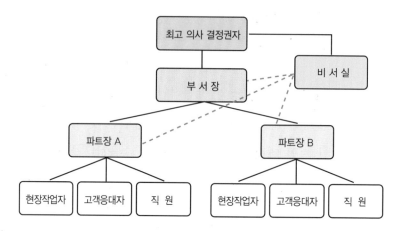

```
                    ┌─────────────────┐
                    │ 최고 의사 결정권자 │──────────┐
                    └─────────────────┘          │
                                          ┌──────────┐
                       ┌──────────┐       │ 비 서 실  │
                       │ 부 서 장  │╌╌╌╌╌╌╌└──────────┘
                       └──────────┘
           ┌──────────┐            ┌──────────┐
           │ 파트장 A  │╌╌╌╌╌╌╌╌╌╌╌│ 파트장 B  │
           └──────────┘            └──────────┘
    ┌───────┐┌───────┐┌──────┐  ┌───────┐┌───────┐┌──────┐
    │현장작업자││고객응대자││직 원 │  │현장작업자││고객응대자││직 원 │
    └───────┘└───────┘└──────┘  └───────┘└───────┘└──────┘
```

※ 직무별 기능화한 조직이면서 비서실(혹은 참모)의 전문적 지식을 보완하거나 의사조율의 방식을 갖는 조직관리 형태이다. 대부분의 기업과 조직에서는 이런 형태로 운영되며 혹은 이런 방식의 관리형태가 복합적으로 나타난다.

기타 사업부단위, 팀 단위 혹은 프로젝트 단위의 관리형태도 있으며 시대적 환경에 적합한 조직관리 형태가 다양하게 나타난다. 사업을 경영하게 되면 경영자는 조직의 형태와 운영방식을 개념적으로 분명하게 정립하고 있을 것을 권장한다. 그렇지 못할 경우에 조직 구성원들은 매 사안마다 혼란 속에서 업무를 처리하게 되고 항상 긴장감으로 업무에 임하기 때문에 피로감이 높을 뿐 아니라 기업이 추구하는 가치에 맞는 업무재량의 능력이 발휘되지 못하게 되어 결국 조직 전체가 좋은 서비스를 창출하기가 어렵고, 정체성이 모호한 상태로 운영되어진다.

이것을 설명하는 좋은 예시를 기업 경영가의 기업 미래운영 전략에 관한 소개와 노동분쟁으로 폐업의 위기에서 문제를 해결하고 번영하게 된 실제 사례를 통해 소개한다. 기업의 미래운영 전략에 관한 사례나 노동분쟁을 극복한 사례는 인사부문에서 다뤄져도 손색이 없을 것임에도 기업경영부문에서 사례로 드는 것은 인사업무는 결국 기업경영과 같은 개념으로 여겨질 수 있기 때문이다. 기업경영이란 경영자가 '그 기업을 어떻게 운영할 것이냐?' 하는 인식에서 비롯하여, 결국 어떤 사람에게 어떤 역할을 부여해서 기업의 목적을 이룰 것인가에 초점을 두는 것이기 때문이다.

노동분쟁으로 폐업의 위기에 처했던 기업이 회생할 수 있었던 사례 또한 경영 제반의 기능이 작동되어야 했기 때문이다. 조직을 구성하고 있는 직원들이 본연의 맡은 바 직무를 수행하지만 단순히 근로계약서상에서 약속된 사안만을 기대하는 경영자는 없다. 가령 복도에 휴지가 떨어져 있으면 청소를 맡은 직원이 치워줄 때까지 기다려야 하는가? 물품 배송 직원이 배송할 물건이 없다고 컴퓨터 앞에 앉아서 게임을 하고 있다면 올바른 근로계약을 맺은 것인가? 명심할 것은 상호 보완적인 역할을 수행할 수 없는 직원은 기업이 무너질 수 있는 확률을 높이는 것이므로 과감하게 교육을 시키거나, 아니면 그가 원하는 길을 가도록 신속히 판단하여 도와주어야 할 것이다.

기업의 조직에서는 각자가 맡은 역할은 있으나, 부수적으로 요구되는 기업 구성원의 '성품'이 있는 것이다. 그것을 기업문화라고도 한다. 좋은 기업은 '기업의 성품(또는 문화)'이 다르다. 이러한 기업의 성품을 잘 대변해 주는 사례로 노동쟁의로 인한 회사의 폐업 위기를 극복한 사례를 다루어 보겠다.

이 기업은 현대자동차 첸나이 법인에서 자동차와 관계 협력사의 법인장(法人長)을 비롯한 주요 임직원 100여 명에게 성공사례를 공개한다.

사례 2

인도 첸나이에 사업장을 둔 A업체는 현대자동차 부품 협력업체이다. 인도(India)지역은 노동쟁의가 강력하기로 유명한 곳이다. 그럴 수밖에 없는 이유는 30년~40년 경력의 국제변호사들이 대부분 노조위원장을 차지하고 있기 때문이다. 델파이, 현대자동차, 도요타 등등의 다국적기업에서 파업이 발생하면 노조위원장과의 파업 합의금으로 거액이 소요된다는 소문이 있었다(한화 약 1억 원). A기업의 경우 2009년 노동조합이 만들어졌고 생산직 80%는 모두 노조원으로 가입이 되었다. 지방법원에서는 노동조합측의 불법파업이었다는 것을 인정했으나 노련한 국제변호사의 능력답게 노동조합위원장은 〈효력 중지〉와 함께 고등법원으로 〈항소〉하였다. 기타 여타한 이유로 지방법원에는 새로운 몇 개의 추가 소송을 걸어놓은 상황이었다.

A기업의 경영자는 파업 발생 후 3개월간 노동조합원 직원들이 하고자 하는 뜻에 반발하지도 긍정하지도 않는다. 다만 회사의 원칙과 인간적인 도리로서만 응대했고 동료로서의 친밀감을

잃지 않으려고 무던히 노력했다. 가장 어려운 것은 제때에 정량의 제품이 납품되지 못하여 고객사로부터 하루가 멀다 하고 항의를 받거나 막대한 손해배상금을 지불해야 하는 것에 대한 우려였다.

상황을 다시 정리하면 (1) 고객사에 납품이 지연되면 생산라인이 중지되고 (2) 고객사의 생산라인이 중지되면 그 시간만큼 손해배상이 발생되며 (3) 고객을 잃게 되고 (4) 노동조합측은 회사 내부를 장악하여 생산과 회사의 모든 상황을 실시간으로 파악하고 있으며 (5) 법원 내부에도 네트워크가 있기에 회사의 움직임을 실시간으로 확인할 수 있으므로 (6) 회사에서는 인도 노동조합측의 각종 조처에 대응할만한 방법이 없었다. 더군다나 (7) 환경은 한국이 아니라 인도(India)였다.

특히 이러한 모든 문제 해결의 시작은 노동조합측이 고등법원으로 항소한 사안이다. 그것에 대한 고등법원의 판결이 있어야 공권력이 움직일 수 있고 정상적인 회사 경영의 기틀을 잡아갈 수 있게 되는 것이었다.

근무자들의 근로소득 보장과 행복한 삶을 지향하고, 기업의 지속적인 성장과 운영을 위해서는 기업 내 모든 조직들이 책임을 다하고 유기적으로 작동하여 내부 환경과 외부 환경에 적응해야 한다. 그럼에도 불구하고 내일을 예측할 수 없는 암울한 환경에서 A회사의 관리직원들은 새로 부임한 경영자와 함께 3개월 동안 치열하게 상황을 분석하고 방법을 모색하였다. 그러면서 상황을 완전히 반전시켰고 경영 시스템이 정상화됨과 동시에 현지 한국 기업들 간의 우수사례로 선정되었다. 더불어 차기년도 글로벌 한국기업 D사로부터 45억 원, 세계 최고의 부품기업 R사로부터 5억여 원의 수주를 받는 등 거래가 증가되는 현상이 나타났다. 그야말로 전화위복(轉禍爲福), 고진감래(苦盡甘來)라는 표현이 이런 경우를 두고 하는 말인 듯 했다. 인도의 노동조합에 가입된 직원들은 전원 타(他)직장을 찾거나, 자의적이지 않았거나 반성하는 직원들은 복직되어 본인들이 하던 직무를 계속 하게 되었다.

이에 대한 다툼이 1년여 기간 동안 진행되었고(실상은 기약이 없지만 요청을 거듭하여 그나마 1년여 걸림) 결국 승소한다. 이것은 인도 첸나이에 진출한 한국 기업들에서는 없던 사례였기에 놀라운 이슈가 된다.

혹여 이 사안에 관한 예시에서 인도인 변호사가 전적으로 잘했다고 생각한다면 절대로 오산(誤算)이다. 변호사는 법정에서 변론을 할 수 있는 자격이 있을 뿐 문제를 풀어가는 과정에서는 도움이 되는 역할이 극히 미미하다. 모든 문제 해결의 처음과 과정과 끝은 내부에서 다뤄진다. 기업 내부의 책임이며 전적인 기업 내부의 역량이라고 강조하고 싶다. 그렇다면 A기업은 어떻게

※ 노동조합측의 항소장: 첸나이 마드라스 고등법원

d.   The Learned Judge erred in holding that;

> " *In other words, the prayer made by the petitioner to direct the respondents 1 and 2 not to aid the third respondent management to bring in outsiders to work in the place of regular workers of the factory, cannot be granted for the reason that it is the duty of the police and the State to maintain law and order not only for the management but also equally to protect the other staff members working in the company"*

e.   It is respectfully submitted that the Learned Judge failed to see it is not the duty of the Police to give protection for a private employer to bring outside workers, denying employment to the workers who have been working in the factory for these many years, just because they form the union.

f.   The Learned Judge erred in observing as follow;

> *"This Court has also taken note of the statement in the counter affidavit that one of the top officials of the company was murdered by the workers in PRICOL and Noida. In such a situation, it may not be appropriate to issue the direction as prayed for".*

It is respectfully submitted that the Learned Judge failed to see the respondent management's said statement was totally out of context, which has nothing to do with the conduct of the petitioner, or the situation in the factory in issue.

g.   The Learned Judge failed to deal with the petitioner's rejoinder wherein the petitioner has specifically stated that the signatory to the Counter Affidavit being a person who does not understand English, has signed signed the statement without knowing the contents thereto and therefore the Counter Affidavit should be rejected.

h.   The other reasons by the Learned Judge for dismissing the Writ Petition with great respect are not sustainable.

For all the grounds stated above, the order of this Hon'ble Court dated 05.04.2011 in W.P.No. 30146 of 2010 may be set aside by allowing the Writ Appeal and this Hon'ble Court may pass such further or other appropriate orders as this Hon'ble Court may deem fit and proper in the circumstances of this case, award costs and thus render justice.

Dated at chennai on this the   day of June 2011.

COUNSEL FOR APPELLANT

MEMO OF VALUATION

Value of the Writ petition	-	Not Capable of Valuation
Court Fee paid	-	Rs.200/-
Value of the Writ Appeal	-	Not Capable of Valuation
Court Fee paid	-	Rs.200/-

Dated at chennai on this the   day of June 2011.

COUNSEL FOR APPELLANT

MEMORANDUM OF GROUNDS OF WRIT APPEAL
(Under Clause 15 of Letters Patent Act)

IN THE HIGH COURT OF JUDICATURE AT MADRAS
(Writ Appellate Jurisdiction)

W.A.No.   of 2011

Against

W.P.No.30146 of 2010

(Order of His Lordship Hon'ble Mr.Justice. T. Raja dismissing the
W.P.No.30146 of 2010 dated 05.04.2011)

Workman of KMF Automotive Private Ltd.,
Though United Labour Federation,
Rep. by its President,
No.149, IV Floor, C.J.Complex,
Thambu Chetty Street,
Chennai – 600 001.   ... Appellant/Petitioner

- Vs -

1.   The Superintendent of Police,
      Thiruvallur District,
      Thiruvallur.

2.   The Inspector of Police,
      Mappedu Police Station,
      Kadambattur Taluk,
      Thiruvallur District.

3.   KMF Automotive Private Limited,
      rep. by its Managing Director,
      Thiruvallur Main Road,
      Thiruvallur District,
      Sriperumbudur.

4.   Upshot Utility Services Private Limited,
      H.20, Jeevanandham Salai,
      13th Sector, K.K.Nagar,
      Chennai – 600 078.   ... Respondents/Respondents

The appellant states as under:-

1.   The address for service of all processes and notices on the
Appellant is that of his counsel, M/s. **K.SUDALAIKANNU, MS. S.KALA
& MR.GOKULRAJ**, Advocates, No. 50, 1st Floor, Armenian Street,
Chennai – 600 001.

2.   The address for service of all processes and notices on the Respondents are as set out in the cause title above.

3.   This Writ Appeal is preferred as against the order of His Lordship Hon'ble Mr.Justice. T. Raja in W.P.No.30146 of 2010 pronounced on 05.04.2011 dismissing the Writ Petition and the order of the Learned Judge is liable to be set aside on the following amongst other;

GROUNDS

a.   The Learned Judge erred in law and on facts in dismissing the Writ Petition.

b.   The Learned Judge failed to see that the grievance of the workers was that all of them were terminated or refused work because they joined the appellant union and giving the go by to the Memorandum of Understanding, the 3rd respondent management was bring total outsiders to work in the factory and there by violated both the freedom of the Association of the workers and the provisions of the Industrial Disputes Act which protect their employment.

c.   The Learned Judge further failed to see that when the workmen objected to the same, the 3rd respondent took the aid of the 1st and 2nd respondents and the 1st and 2nd respondents chased the workers away to enable outsiders to work. The issue in the Writ Petition was whether a Private Employer should be given protection for its gross violation of the Labour Welfare Legislations under the guise of protecting law and order? Unfortunately, the Learned Judge did not address this issue.

믿음을 따라서 확신으로 경영하라

HIGH COURT :: MADRAS

(Appellate jurisdiction)

W.A.No.   of 2010

Workmen of KMF Automotive Private
Limited
Through United Labour Federation

..Appellant

Versus

The Superintendent of Police
Thiruvallur District
Thiruvallur and 3 others

..Respondents

TYPED SET OF PAPERS

**M/S. K.SUDALAI KANNU
S.KALA
R.GOKULRAJ
A.BHASKARAN**

COUNSEL FOR APPELLANT

※ 고등법원 최종 판결문(A사 승소)

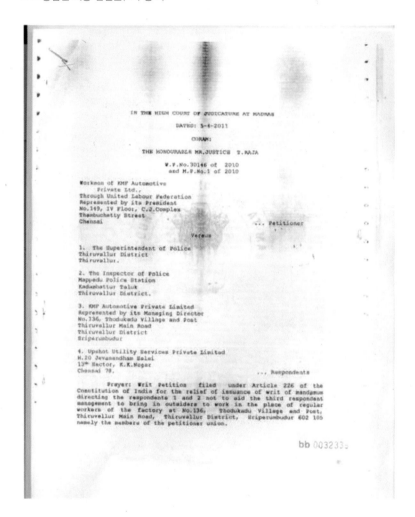

IN THE HIGH COURT OF JUDICATURE AT MADRAS

DATED: 5-4-2011

CORAM:

THE HONOURABLE MR.JUSTICE T.RAJA

W.P.No.30146 of 2010
and M.P.No.1 of 2010

Workmen of KMF Automotive
Private Ltd.,
Through United Labour Federation
Represented by its President
No.349, IV Floor, C.J.Complex
Thambuchetty Street
Chennai   ... Petitioner

Versus

1. The Superintendent of Police
Thiruvallur District
Thiruvallur.

2. The Inspector of Police
Mappedu Police Station
Kadambattur Taluk
Thiruvallur District.

3. KMF Automotive Private Limited
Represented by its Managing Director
No.136, Thodukadu Village and Post
Thiruvallur Main Road
Thiruvallur District
Sriperumbudur

4. Upshot Utility Services Private Limited
H.20 Jevanandham Salai
13th Sector, K.K.Nogar
Chennai 78.   ... Respondents

Prayer: Writ Petition filed under Article 226 of the
Constitution of India for the relief of issuance of writ of mandamus
directing the respondents 1 and 2 not to aid the third respondent
management to bring in outsiders to work in the place of regular
workers of the factory at No.136, Thodukadu Village and Post,
Thiruvallur Main Road, Thiruvallur District, Sriperumbudur 602 105
namely the members of the petitioner union.

bb 0032333

문제를 풀었던 것일까?

이 문제를 극복할 수 있었던 사실을 요약해 본다면 인도 타밀나두(Tamil Nadu) 주정부의 최고위직 공직자와 지방정부 통치자(우리나라의 시장, 市長), 지방경찰서장, 지역 국회의원을 비롯하여 많은 분들이 놀랍도록 협력해 주셨다. A기업 경영자의 의지와 열정도 한 몫을 하였으리라고 보며, 문제를 접하는 접근 방식과 논쟁의 핵심을 읽고 있었던 통찰력과 풀어가는 과정의 절차가 매우 섬세하고 적절했다.

경찰서에서는 직원들을 파견하여 24시간 6개월 동안이나 회사를 충실하게 보호해 주었고, 직원들의 마음을 안정시켜 주었다. 인력관리 회사에서는 직무능력을 이유로 수시로 직원을 교체해주어야 하는 번거로움을 감내해 주었다. 그리고 무엇보다도 이 문제에 있어서의 가장 큰 축복은 인사관리 직원들과 생산부서 책임자들, 구매 · 회계 · 경리 · 연구개발 · 기술직 등 전체 사무직원들의 올곧은 협조이다. 직원들이 위험을 감수하면서도 문제해결에 협력했던 것은 경영자가 품은 본질적인 가치에 동의했기 때문이었다.

A기업의 사례에서 주제로 삼고자 하는 것은 특정 단체 혹은 경영진과 근로자 간의 대립 혹은 이기고 지는 게임을 설명하고자 함이 아니다. 오히려 기업 경영의 통일성을 강조하고자 함이

다. 기업은 창업자 1인에서 시작이 된다. 1인의 기업 경영자가 여러 가지 일들을 동시다발적으로 제때에 잘 처리하기 위해서는 자신의 분신(分身)이 필요하다. 분신된 존재들은 모체(母體)의 생각과 판단을 실시간으로 알게 되는 1심(心) 다체(多體)로 움직이게 되어 아무리 여러 분신으로 구성된 조직이라 하더라도 1인의 생각과 완전히 일치되어 처신하게 된다. 그러나 현실적으로 이것은 불가능하다. 그러므로 기업 경영자는 자신의 분신을 대행해 줄 사람을 고용하게 되어 조직화되고 회사(會社)라는 기업이 구성된다. 즉, 기업이 발전하고 지속되기 위해서는 경쟁력이 있어야 한다.

그 경쟁력은 회사를 구성하고 있는 조직들과 그 구성원들이 공통적으로 지향하는 집합된 기업의 가치관에서 나타나는 것이다. 그리고 집합된 기업의 가치관은 기업의 리더인 '경영자'의 가치관에서 비롯되는 것이다. 경영자로서 우리는 어떠한 가치를 추구할 것인가? 그리고 경영하는 기업이 궁극적으로 추구하는 가치는 무엇인가? 기업을 경영하기 이전에 우리는 이것을 먼저 숙고하여 정립하고 있어야 할 것이다.

당시 A기업의 경영자는 이 사안에 관하여 별다른 특별함을 드러내지 않는다. 식음을 다스려가며 새벽과 밤과 낮을 아우르는 무릎 꿇는 성실함은 충분히 하늘을 감동시킨다고 한다. 그리고 이것은 새롭게 경영을 시작하고자 하는 모든 이들에게 공통적으로 적용되는 마음의 다스림이 될 것이다.

VI

MANAGEMENT AS A CHRISTIAN,
MANAGEMENT AS A NON CHRISTIAN

크리스천 경영가,
비크리스천 경영가

크리스천 경영가,
비크리스천 경영가

어떠한 사업을 경영하든지 간에 다양한 문제들을 직면(直面)하게 된다. 판매의 어려움을 겪게 되거나 혹은 원재료의 매입 문제에 부딪히거나 자금의 압박을 받게 되는 경우가 허다하다. 인력난(人力難, 인력의 수급이나 발생하는 이슈 등의 문제)으로 근심하게 되거나 어떤 사안에 대한 기존 직원들의 반대에 부딪히는 일도 기업경영 과정의 예외가 될 수 없다. 수출입 거래의 경우에는 판매와 매입 모두 환율에 민감해야 하고, 원자재의 특성에 따라서는 국제 정세에도 민감해야 한다. 이러한 기업경영의 환경은 크리스천이라고 해서 예외가 되지 않는다. 사업상의 문제는 고통을 수반하고 우리를 충분히 고뇌(苦惱)하게 만든다. 심리적인 평안(平安)을 잃을 경우에는 세상이 원망스럽고 살아있는 것이 고통스러우며 창조주가 존재하는지조차도 의심하게 된다. 맞닥뜨리는 문제들은 어떤 상대적인 처벌이나 반대급부로 얻어진 것일 수도 있으며, 기독교 신학의 관점에서는 예수 그리스도의 구속을 강조하는 계기가 되기도 한다. 우리가 익히 아는 바와 같이 그 예수 그리스도는 이 세상에서 배고픔과 채찍에 맞는 고통을 겪으셨고, 버려짐 혹은 가까운 지인(知人)으로부터 배신당하는 인간의 심정을 겪으시는 등 인간의 희로애락(喜怒哀樂)과 생로병사(生老病死) 모든 것들을 짊어지고 십자가에 달리셨다.

또 다른 측면에서 '문제'들에 비유될 수 있는 '악'(惡, 혹은 실패나 좌절되는 일들)에 직면하게 될 때 우리는 하나님의 존재 자체를 의심하게 되고 혼란스러워하게 된다. 그때마다 반문하는 것은 '하나님이 살아계시느냐?', '하나님은 우리의 경영에 간섭하고 계시는가?', '하나님이 계신다면 어떻게 이런 일을 겪을 수 있게 되는가?' 하는 질문들이다. 어거스틴(Augustine)은 '선(善)의 결핍'을 악(惡)으로 보았다. 이 선의 결핍은 자유의지라는 자유이성을 지닌 존재들의 잘못된 '선택'에서 기인되는 것이라고 한다. 최초의 조직신학자 이레니우스(Ireneus)도 인간의 자유로운 의지로 '악'이 발생한다고 주장했다. 즉, 인간이란 자유의지를 가진 존재로서 인간의 그 속성을 '신의 형상'과 '신의 유사성'으로 구분하여 말한다. 신의 형상이라는 속성은 창조주와 교제를 가질 수 있는 피조물이라는 것이며, 신의 유사성이라 함은 성령의 인도함을 통한 인간의 마지막 완성이라는 것이다.

즉, 기업을 경영하면서 겪게 되는 각종 고통과 어려운 문제들은 하나님의 섭리에 따른 자연법칙과 우리의 자유의지로 선택한 일에서 일어나는 자연스러운 현상이라는 것이다. 자연의 법칙이라는 것을 우리가 통제하거나 다스리기 어려운 외부환경이라고 할 때, 발생할 수 있는 문제를 최소화하거나 발생되지 않도록 사전에 방지하려면 기업을 경영하는 경영가의 '선택'을 관리해야만 한다는 것이 굉장히 중요한 요인인 것을 알게 된다. 그러면 문제가 되는 선택을 하지 않는 것이 최상일 것이다. 그러나 좋은 선택을 했다고 했음에도 불구하고 전혀 뜻하지 못했거나 예상치 못했던 문제가 발생할 경우에는 어떻게 처신해야 하는 것일까? 혹은 미래의 목적하는 뜻을 이루기 위한 부작용이 없는 최상의 선택을 할 수 있는 비결은 있는 것일까? 심리학에서는 우리가 할 수 있는 선택은 계속해서 불행을 선택하거나, 아니면 우리가 원하는 것을 실행하거나 또는 실제 하고 있는 행동을 바꿔볼 것을 제시한다. 즉, 왼쪽 앞바퀴는 '행동', 오른쪽 앞바퀴는 '생각', 왼쪽 뒷바퀴는 '신체적 반응', 오른쪽 뒷바퀴는 '감정'이라는 전륜구동의 자동차를 예시로 들어서 앞쪽 바퀴에 해당하는 '생각'을 바꾸거나 '행동'을 바꾸면 자신의 처한 상황은 좋아지거나 좋은 방향으로 개선시킬 수 있다는 것이다.

그렇다면 크리스천 기업가는 어떤 사람을 말하는 것인가? 어떻게 기업을 운영하는 것이 크리스천으로서의 방식일 것인가?

크리스천과 비(非)크리스천 간의 사업 경영에는 어떤 차별성이 있고, 그 차이는 어떻게 구별할 수 있을 것인가? 크리스천이라는 정체성을 가지고 기업을 경영한다는 것의 의미를 우리는 얼마나 깊이 이해하고 있는가?

한국YWCA(Young Women's Christian Association)는 "예수 그리스도의 가르침을 자기 삶에 실천함으로써 정의, 평화, 창조질서의 보전이 이루어지는 세상을 건설함"을 그 목적으로 하고 있다. 젊은 여성들이 하나님을 창조와 역사의 주(主)로 믿으며, 인류는 하나님 안에서 한 형제자매임을 인정하고, 예수 그리스도의 가르치심을 자기 삶에 실천함으로써 정의, 평화, 창조질서의 보전이 이루어지는 세상을 건설함을 목적으로 한다.

한국 YWCA에서 천명하는 크리스천으로서의 조직 목표가 그러하듯이 재차 질문하는 우리가 기업을 경영하고자 하는 근본적인 이유는, '기업을 경영함에 있어서 우리 크리스천은 비크리스천과 어떤 구별점이 있는가?' 하는 것이다. 기업을 경영하고자 하는 근본적인 이유는 무엇인가? 무엇 때문에 무엇을 위해서 기업을 경영하려고 하는가? 혹여 마음에 드는 직장이 없기 때문인가? 치열한 경쟁에 밀려서 직장을 구할 수가 없기 때문인가? 그러면 기업을 경영하고자 하는 우리는 '크리스천으로서의 경영가'를 꿈꾸는가? 아니면 기업 경영은 크리스천이 아닌 '비크리스천으로서 경영하는 경영가'를 지향하는가?

사례 ①

고추장이 알려지면서부터 유명 A고추장 기업은 인기가 상승했고, 1989년부터 거대 자본이 순창지역으로 몰려들었다. 대표적인 그 지역의 고추장 11개 기업이 연간 4만 톤의 고추장을 생산하고 있으며, 전국 생산량의 40%를 차지한다. 그 지역의 고추장 전체 기업 매출액은 연간 3천억 원에 달한다. 매출액과 고용인원을 조사해 보았더니 1989년 그 지역의 대표적인 A기업의 고추장 매출액은 20억, 고용인원은 140명이었고, 25년 후 2014년도에는 총 매출액 2,000억, 고용인구 150명이었다. 매출은 100배가 증가되었으나 고용률은 7.1% 증가로 거의 고용효과는 없었다.

기업은 더 이상 사람을 고용하려 하지 않으며, 주요 소득원인 직장인의 급여는 물가와 기업의 이익에 비하여 나아지지 않는다. 사람이 살아가는 데에는 기본적으로 '생산자의 기능'과 '소비자의 기능'을 가진다. 그러나 우리가 살아가는 세상에서는 점차 생산자의 기능을 잃어버리는 사람들이 급격하게 증가할 것으로 예측이 된다. 자본을 가진 사람들은 그 소유가 점점 더 극대화될 것이며 조금 있는 사람들은 그 있는 것 마저 소비하여 모두 잃게 될 것이다. 미래 환경은 더 큰 근심이 된다. 크리스티안 헤밍비는 '2030년이 되면 모든 뉴스의 90%를 컴퓨터가 쓸 것'이라고 예측하고, 토마스 프레이는 '2030년까지 지금 존재하는 20억 개의 직업'이 사라질 것으로 예측한다. 2024년에는 전(全)세계에 걸쳐 1조개의 센서가 존재하고 2036년에는 100조개의 센서가 존재하여 사람과 사물이 본격적으로 소통하는 시대가 될 것으로 예측한다. 일각에서는 새로운 기회가 올 것이라고 하지만 그것은 미래세대에게 해당되는 부분적인 사실이 될 뿐이다. 현 시대를 살아가는 기성세대는 새로운 기술을 습득하여 생산자로서의 기능을 발휘할 만큼의 유연성을 갖지 못하기 때문이다.

이러한 시대적 추이 속에서 우리 크리스천들은 어떻게, 왜, 무엇으로 기업을 경영하려고 하는가? 많은 비크리스천들이 기업을 경영하고 사회복지사업을 운영하고 있다. 매우 효과적이고 효율적으로 잘 운영하고 있으며 앞으로도 더 그렇게 확대될 것으로 예측이 된다. 그렇다면 우리 크리스천들은 무엇이 다른가? 기업을 경영하고 교회사회복지사역 사업을 하고자 하는 우리는 무엇을 위해서 어떠한 목적으로 기업을 경영하려고 하는 것인가?

 자신의 본질(本質, 정체성)을 이해하라

크리스천이 기업을 경영하기에 앞서 갖춰야 할 성품은 '자신'(自身)의 '본질'(本質)을 이해하는 것이다. 여호와 하나님이 자기 형상, 곧 하나님의 형상대로 남자와 여자라는 사람을 창조하셨다. 창세기 1장 27절은 "하나님이 자기 형상 곧 하나님의 형상대로 사람을 창조하시되 남자와 여자를 창조하시고" 그리고 마가복음 10장 6절은 "창조시로부터 저희를 남자와 여자로 만드셨으니"라고 한다. 사업을 계획한 우리는 남자 혹은 여자로 하나님이 창조하신 사람이다. 즉, 우리를 창조하신 존재는 '여호와 하나님'이라는 사실을 분명히 알아야 할 것이다. 그런데 우리에게 하나님은 하나를 더 보태어 주셨다. 그것은 '축복'이다. 창세기 5장 2절에서 "남자와 여자를 창조하셨고 그들이 창조되던 날에 하나님이 그들에게 복을 주시고 그들의 이름을 사람이라 일컬으셨더라"라고 말씀하고 계시며, 여기서 우리에게 '복'을 주셨다는 것을 분명하게 확인할 수 있다.

그렇게 사람에게 주신 복은 우리가 이 땅에 살아가는 동안 실제로 효용성이 있는 '복'인가? 지금 살아가고 있는 것 자체가 축복이라고 하면서 창세기 5장 2절에서 하나님이 사람에게 주신 '축복'을 제한할 것인가? 하나님이 사람을 축복하실 때 그렇게 제한적으로 가볍게 던져보는 말처럼 축복하신 것은 분명 아닐 것이다. 이 땅에 살면서 우리가 그 복을 누리도록 지극히 실효성(實效性)이 있는 복을 주셨다. 이것은 이사야서 45장 18절에서 확인해 볼 수 있다. "여호와는 하늘을 창조하신 하나님이시며 땅도 조성하시고 견고케 하시되 헛되이 창조치 아니하시고 사람으로 거하게 지으신 자시니라 그 말씀에 나는 여호와라 나 외에 다른 이가 없느니라"라고 말씀해 주신다. 우리의 창조주 되시는 하나님은 우리가 이 땅에서 잘 살아가도록 미리 '땅을 조성해 주셨고, 헛되게 창조하신 것이 아니라 우리 사람들이 거할 수 있도록' 세상을 창조해 주신 것이다. 심지어는 하나님이 사람의 몸을 입고 세상에 오셔서 복음을 전파하시고 가르치시고 멸시와 천대를 받으셨을 뿐만 아니라 채찍에 맞으시고 우리의 질고를 짊어지신 채로 나무 십자가에 달려서 흘리신 그 피의 값으로 인간을 구속하셨다. 그 구원의 이름 '예수 그리스도'를 구원의 주(主)로 영접한 사람들을 우리는 '크리스천'이라고 칭한다. 그러므로 크리스천은 그 속에 하나님이 계시고, 동시에 하나님 안에 또한 우리가 거하게 된다. "나는 아버지 안에 있고 아버지는 내 안에 계신 것을 네가 믿지 아니하느냐"(요 14:10), "내 안에 거하라 나도 너희 안에 거하리라"(요 15:4), "너희가 내 안에 거하고 내 말이 너희 안에 거하면 무엇이든지 원하는대로 구하라 그리하면 이루리라"(요 15:7)라고 말씀하신 이는 우리 구주 예수 그리스도이시다.

② 믿음을 따라서 확신으로 경영하라

노아의 방주는 어떻게 만들어졌을까? 그 많은 각양각색의 동물 암수 둘씩(정결한 짐승은 암수 일곱씩, 부정한 것은 암수 둘씩, 창

7:2)을 어떻게 방주에 태울 수 있었을까? "하나님이 노아에게 명하신대로 암수 둘씩 노아에게 나아와 방주로 들어갔더니"라고 창세기 7장 9절은 말한다. 방주를 어떻게 만들었는지는 모르겠으나 적어도 암수 둘씩 각양각색의 동물들이 스스로 방주에 들어갔다는 사실은 알 수 있다. 어떻게 그럴 수 있었을까? 노아와 동물들 간의 대화나 의사소통이나 텔레파시라도 작동했었던 것일까? 우리는 방주의 문이 닫히게 된 것을 힌트로 삼아서 노아가 동물들을 잡으러 다닌 것이 아니라 하나님이 동물들을 방주로 이끌어 주셨다고 추정할 수 있다. 왜냐하면 창세기 7장 16절에서 "들어간 것들은 모든 것의 암수라 하나님이 그에게 명하신대로 들어가매 여호와께서 그를 닫아 넣으시니라"라고 말씀해 주고 있기 때문이다. 즉, 방주의 문을 닫은 것은 노아가 아니라 하나님이듯이, 사방팔방에서 암수 둘씩 동물들이 나아와 방주로 들어간 것은 하나님이 하셨던 것이다. 그런데 여전히 풀리지 않는 의문은 '방주를 어떻게 만들었을까?' 하는 것이다. 하나님이 뚝딱 하고 지으셨던 것일까? 그런데 성경은 노아가 손수 방주를 만들었다고 한다. 그러면 노아는 어떤 방법으로 어떤 도구를 사용해서 방주를 만들 수 있었던 것일까? 그는 어떻게 잣나무를 재료로 하여 그 커다랗고 복잡한 내부구조의 방주를 만들었던 것인가? 궁금한 것이야 어떠하든지 간에 노아는 하나님의 지시를 따라서 성실하게 방주를 만들었다. 이것을 성경은 창세기 6

장 14절, "너는 잣나무로 너를 위하여 방주를 짓되 그 안에 칸들을 막고 역청으로 그 안팎에 칠하라"라는 말씀으로 확증해 주고 있다.

나무를 자를 때는 쇠톱을 사용한다. 잣나무를 자를 수 있을 만한 도구는 쇠톱이나 쇠도끼가 적합할 것이지만, 그러나 우리가 익히 알고 있는 사실은 철기문화 이후에나 쇠톱 혹은 쇠도끼를 기대할 수 있다는 것이다. 인류의 역사상 철기문화 이후에 개발된 단단하고 예리한 톱이나 도끼가 노아에게 있었던 것일까? 고민은 되겠지만 성경은 그가 어떻게 나무를 잘랐고 어떻게 다듬었고 어떤 도구를 사용해서 방주를 만들었는지에 관해서는 이렇다 할 언급이 없다. 그렇다면 그것이 중요한 것이 아니라는 의미일 것이다. 방주를 만든 것은 단지 노아 자신을 위해서였다고 성경은 말한다. 그렇다. 방주는 노아 자신을 위한 것이었다. 창세기 6장 14절, "너는 잣나무로 너를 위하여…"라고 성경은 말하고 있다. 그렇기에 하나님은 노아에게 방주를 직접 만들라고 말씀하셨던 것이다. 그러나 그 방주의 탑승객인 각양 동물들은 누가 데려왔던가? 암수 둘씩 노아에게 나아오게 하시고, 방주의 문을 닫으신 분이 하나님이셨다는 사실을 우리는 주목할 필요가 있다. 즉, 어떤 기업이든 경영을 하고자 한다면 그 결과는 하나님이 일구어 놓으셨다는 것을 믿어야 하고, 그 믿음을 중단됨 없이 계속 확신하여 경영의 방법들을 만들어 가는 것에 힘써야 한다는 것이다. 그리고 그것은 우리가 이 땅에서 복을 누리며 살아가도록 하기 위한 축복이므로 하나님은 우리 스스로가 '우리를 위한 방주'를 만들기를 기대하시며, 동물들이 방주에서 안식했듯이 '우리를 위한 방주'가 이웃을 위한 것이기도 하다는 것을 말씀하신다. 그러면 우리 자신을 위한 방주를 만드는 방법은 무엇인가? 그것은 전적으로 우리 자신의 몫일 것이다. 그러나 창세기 6장 22절이 참고가 될 만하다. "노아가 그와 같이 하되 하나님이 자기에게 명하신대로 다 준행하였더라"의 말씀이다. 하나님 말씀을 준행하되 '다' 준행하였다는 것은 '성실함'이 충만했다는 것을 짐작하게 해주는 말씀이다.

기업을 경영하고자 하는 사람은 그 결과를 이루신 하나님을 '믿고', 그 믿음을 따라서 '확신'으로 '경영'의 과정을 밟아가야 하는 것이다. 경영을 시작하기 전에 하나님은 우리가 알지 못하는 크고 비밀한 것을 계획해 놓으셨다는 것을 믿는 자가 되어야 한다.

3 크리스천의 '정신'(精神, spirit)을 담아라

아브라함의 사업은 매우 번창했고, 먼 훗날 그의 자손은 티끌처럼 번성했다. 창세기 13장 5절과 6절에서 말하기를 "아브람의 일행 롯도 양과 소와 장막이 있으므로 그 땅이 그들의 동거함을 용납지 못하였으니 곧 그들의 소유가 많아서 동거할 수 없었음이라"라고 한다. 창세기 12장 5절에서 아브라함은 가나안 땅으로 가려고 갈대아 우르를 떠났고, 창세기 13장 6절에서는 아브라함이 하란을 떠날 때보다 훨씬 많은 소유물을 가졌다고 한다. 그러나 그가 그렇게 되기까지는 그의 고향 갈대아 우르에서 약속받은 땅 '가나안'이라는 불안정하고 수고롭기 그지없는 고단한 여정을 견뎌내야만 했다는 것을 알아야 한다. 마찬가지로 기업을 경영한다는 것은 갖은 어려움과 곤란함을 겪게 된다. 무엇보다도 가장 큰 어려움은 '자금의 부족'일 것이다. 아브라함조차도 자금의 부족현상을 극복하지 못했다. 우리는 창세기 12장 6절과 7절의 말씀을 살펴볼 필요가 있다. 아브라함은 온갖 어려움을 겪은 후 세겜 땅에서 하나님의 약속을 확인한다. "여호와께서 아브람에게 나타나 가라사대 내가 이 땅을 네 자손에게 주리라 하신지라"(창 12:7상). 하나님의 말씀을 믿은 아브라함은 여호와를 위하여 단을 쌓고 여호와의 이름을 불렀다. 그러고는 점점 남방으로 옮겨 갔고, 기근이 있을 때에 애굽으로 내려갔다. 우리의 기업 환경에 비춰보면 아브라함도 비전(믿음, 약속의 땅)을 받았으나 '남방'으로 내려감으로써 그 비전을 확신하지 못했고, 급기야 자금이 마르는 '심한 가뭄'이 생겼을 때에는 애굽으로 내려갔다. "그 땅에 기근이 있으므로 아브람이 애굽에 우거하려 하여 그리로 내려갔으니 이는 그 땅에 기근이 심하였더라"(창 12:10) 하는 말씀처럼 약속된 비전의 터전으로부터 비전은 아니지만 좋아 보이는 곳 애굽으로 내려갔다. 창세기 13장 14절 이하에서 하나님은 아브라함에게 애초의 약속이며 변하지 않은 비전을 다시 말씀해 주신다. 아브라함은 그 약속을 듣고 예전처럼 다시 이동을 한다. 그런데 이번에는 그 약속의 땅을 확신하는 곳, 헤브론으로 장막을 옮긴다. "너는 일어나 그 땅을 종과 횡으로 행하여 보라 내가 그것을 네게 주리라 이에 아브람이 장막을 옮겨 헤브론에 있는 마므레 상수리 수풀에 이르러 거하며 거기서 여호와를 위하여 단을 쌓았더라"(창 13:17~18)하는 말씀처럼 이번에는 약속의 땅을 확신하는 곳으로 거처를 정했다.

아브라함은 '하나님의 약속하신 땅'이라는 비전(믿음)을 방향으로 정해서 오랜 기간 '고단한 여정(旅程)'(확신)을 걷는(방법) 수고를 성실하게 감당했다. 그도 비전이 확실하지 않아서 눈앞에 보이는 가뭄을 해결할 수 있는 애굽을 선택했었던 것처럼 기업을 경영하려는 우리도 이런 환경을 맞닥뜨리게 된다. 자금이 마르면 하나님과의 약속된 비전이 없는 곳으로 선택하여 움직이게 된다. 그러나 그곳은 우리의 거할 곳이 아닌 것이다. 그럴 때일수록 오히려 하나님의 약속하신 비전이 있는 곳으로 이동해야 한다. 하나님과의 약속된 비전에 대한 '믿음'은 과정의 확신을 채우고 성실한 행함의 방법적 수고를 기꺼이 감당할 수 있게 우리를 이끌어 줄 것이다.

이것을 보다 분명하게 가르쳐 주는 곳이 있다. 사무엘을 이스라엘의 왕으로 임명하기 위해서 다윗에게 기름을 부을 때 하나님이 말씀해 주신 것은 '사람의 중심'이다. "사무엘이 엘리압을 보고 마음에 이르기를 여호와의 기름 부으실 자가 과연 주님 앞에 있도다(삼상 16:6)"라면서 이새의 아들 엘리압을 보고 감탄한다. 그때 사무엘에게 하나님은 어떻게 말씀하시는가? "여호와께서 사무엘에게 이르시되 그의 용모와 키를 보지 말라 내가 이미 그를 버렸노라 내가 보는 것은 사람과 같지 아니하니 사람은 외모를 보거니와 나 여호와는 중심을 보느니라 하시더라"(삼상 16:7).

그러므로 크리스천은 기업을 경영함에 있어서 그 마음의 씀씀이에 진심과 정성을 담아야 하는 것이다. 보이는 것으로 판단하는 이는 사람이지만, 하나님은 그 마음의 중심을 보신다. 기업을 경영함에 있어서 허영심으로 하려 하거나 의미 없는 약속을 하거나 허투루 경영하려고 하지 말아야 할 것이다. 아마도 하나님이 아브라함에게서 바라셨던 온전한 중심(中心)을 확인하신 것은 아브라함이 온갖 수고를 겪은 후 서로 의지했던 조카 롯과 헤어졌을 때였을 것이다. 창세기 13장 14절부터 17절은 "롯이 아브람을 떠난 후에 여호와께서 아브람에게 이르시되 너는 눈을 들어 너 있는 곳에서 동서남북을 바라보라 보이는 땅을 내가 너와 네 자손에게 주리니 영원히 이르리라 내가 네 자손으로 땅의 티끌 같게 하리니 사람이 땅의 티끌을 능히 셀 수 있을 찐대 네 자손도 세리라 너는 일어나 그 땅을 종과 횡으로 행하여 보라 내가 그것을 네게 주리라"라고 한다. 즉, 하나님이 보시기에 아브라함이 하나님을 향한 '온전한 중심'을 갖췄다고 인정되는 '그 때'에 하나님의 '약속의 비전'이 확증(確證)되었다.

롯과 헤어진 후 아브라함의 상심(喪心)이 컸었던 탓이었을까? 어찌되었든 하나님은 처음부터 '그 되어짐의 상태'(비전)를 확정해 주지는 않으신다. 우리는 종종 '우리 인내의 한계가 다했다', '이제는 더 이상 어렵다', '이제는 포기 해야겠다'는 상태에 이를 때, 견딜 수 있는 인내의 임계점(臨界點)에 이를 때 비로소 문제가 해결되는 경험을 하게 된다. 어쩌면 그때에 하나님이 받으실 만한 가장 정결(淨潔)한 중심(中心)을 이루게 되는 것은 아닐까? '그때'에 하나님이 아브라함에게 '이곳이 약속한 땅이다'라고 위로하시고 확증해 주셨던 것처럼, 우리가 경영하려는 기업의 비전도 '그때'가 되었을 때 하나님의 확증을 받을 수 있을 것이다.

4 우리 크리스천들의 기업은 "은혜를 따라 '행복'을 선물하는 경영"을 해야 한다.

그러므로 우리의 경영은 '크리스천의 본질'을 품은 경영이여야 한다. '믿음'은 하나님의 약속하신 '비전'을 바라보는 것이고, '확신'은 그 믿음에 대한 굳건한 신뢰로 일상을 크리스천으로서의 태도를 견지(堅持)하여 올곧게 경영할 수 있게 하는 것이다. 즉, 크리스천으로서 사업을 경영하는 것과 비크리스천이 사업을 경영하는 것과의 분명한 구별은 '확신'에 있다. 확신이라는 것은 크리스천으로서의 본질을 유지하고 있다는 의미이며, 반면에 확신이 없는 경영은 비크리스천의 경영과 다를 바가 없다는 뜻이다. 사업을 경영하는 일은 많은 우여곡절을 겪게 마련이다. 곤경이나 어려움에 처할 때 처신하는 태도는 우리가 '확신'을 견지(堅持)하고 있느냐 없느냐에 따라서 달라진다.

우리는 열매를 많이 풍성하게 맺게 되어 있다. 우리가 시작한 기업은 번성할 수밖에 없다. 못 믿겠는가? 요한복음 15장 5절을 보라. "나는 포도나무요 너희는 가지니 저가 내 안에, 내가 저 안에 있으면 이 사람은 과실을 많이 맺나니 나를 떠나서는 너희가 아무것도 할 수 없음이라"라고 예수님은 말씀하신다. 예수 그리스도를 구주로 영접한 크리스천이라면 당연히 예수님 안에 거하고, 예수님이 그에게 거하시므로 열매가 맺어지는 것은 지극히 당연한 것이다. 그 당연한 일로서 예수님 안에 거한다는 것은 어떤 상태를 말하는 것인가? 예수님은 앞서서 이미 말씀해 주셨다. "나의 계명을 가지고 지키는 자라야 나를 사랑하는 자니 나를 사랑하는 자는 내 아버지께 사랑을 받을 것이요 나도 그를 사랑하여 그에게 나타내리라"(요 14:21)라고 하신다. 예수님 안에 거하고 예수님이 우리 안에 거하시니 많은 열매를 맺게 되는 결과가 나타날 것이며, 그 밑거름이 되는 것은 '예수님의 계명을 지키는 것'이다. 크리스천 기업가로서 기업의 모든 경영을 공의로 허리띠를 삼고 성실로 몸의 띠를 삼아서 할 때 즐거움이 있게 될 것이다(사 11:5, 시 106:3, 잠 21:15).

≫ 인사와 조직, 경영과 리더십

"하나님이 그들에게 복을 주시어 하나님이 그들에게 이르시되 생육하고 번성하여
땅에 충만하라, 땅을 정복하라, 바다의 물고기와 하늘의 새와 땅에 움직이는
모든 생물을 다스리라 하시니라"
"Rule over the fish of the sea and the birds of the air and over every
living creature that moves on the ground"

"다스림"
(지배, 통치)

 그러므로 조직경영(또는 경영, 경영관리, 또는 조직관리)이란??
"경영이란 사람들에게 행복을 선물해 주는 것이다"

그러므로 우리가 크리스천으로서 왜 기업을 경영하려 하며, 비크리스천의 기업 경영과는 어떤 구별점이 있는가를 분명하게 인식(認識)하고 있어야 할 것은 우리의 '본질'(本質)이 '크리스천'이기 때문이다. 기업경영에 관한 제반 지식을 습득하고, 관리해야할 기초적인 지식을 갖추는 것은 비크리스천과 다를 바 없이 숙지해야만 하는 일이다. 그러나 그 본질에 있어서 우리는 '크리스천'이며 믿음(비전)과 확신(과정), 성실함(방법)으로 수행하여 크리스천의 정신을 담은 기업을 경영하는 사람들이어야 하는 것이다. 고객을 대할 때는 정성을 다하여 기쁨과 즐거움과 희망으로, 직원을 대할 때는 은혜와 긍휼과 넉넉함으로, 직무에 임할 때는 집중력과 지혜와 통찰과 인내로, 자금을 대할 때는 겸손과 온유와 절제와 감사로 대할 수 있어야 할 것이다. 더불어서 가져야 할 마음은 욕망과 비전을 구별하는 일이다. 기업이 망할 경우 그것을 감사할 줄 아는 사람이 많지 않으며, 반대로 기업이 번창할 경우 하나님께 범죄 하는 사람이 적지 않다. 우리가 실패할지라도 낙심하지 않을 것은 하나님이 이미 예비해 놓으신 '비전'(vision / 믿음, 결과)의 '과정'(過程 / 확신)에 있기 때문이다. 즉, 기업 경영에서 수시로 겪게 되는 '선택'과 '결정'의 고비마다 '믿음의 확신'을 분명히 하여 스스로를 혼란스럽게 하지 말아야 한다.

사업을 경영하려는 크리스천이라면 우리의 창조주 되시는 하나님을 기억해야 한다. 그리고 우리의 창조주 되시는 하나님은 모든 좋은 것을 우리에게 '이미' 허락하신 것을 믿어야 한다. 이것은 우리가 경영을 하고 살아가면서 필요한 '확신'(確信)과 연결되어 있는 것으로 현재를 과거로 살 것이 아니라 미래로 살아가야 한다는 이치(理致)와 같다. 미래의 그 믿음(되어 질 결과)을 지금 받은 것으로 간주하여 현재를 살아가라는 의미이다. 미래의 그 되어 질 믿음처럼 우리가 확신을 가지고 기업을 경영하는 이유는 '창조주께서 우리에게 주신 복'을 이 땅에서 누리고, 더불어서 주변 사람들에게도 베풀고 나누고 구제함으로써 하나님의 영광을 세상에 나타내기 위함이다. "하나님 곧 우리 아버지께 세세무궁토록 영광을 돌릴찌어다 아멘"(빌 4:20), "한 마음과 한 입으로 하나님 곧 우리 주 예수 그리스도의 아버지께 영광을 돌리게 하려 하노라"(롬 15:6)하는 말씀을 기억해야 한다. 그래서 '크리스천'으로서 기업을 경영하는 사람은 각자의 경영하는 바가 하나님이 우리에게 특별하게 부여해 주신 '특권'(特權)이며 '축복'(祝福)임을 잊지 말아야 한다. 그리고 하나님께서 부여해 주신 그 특권과 축복은 하나님을 대행하여 사람들과 이웃에게 행복을 선물해 주는 방향으로 사용해야 한다. 기업 경영의 목적을 거기에 두고 주어진 사명을 충실하게 감당해야 할 것이다.

"아버지께 참으로 예배하는 자들은 신령과 진정으로 예배할 때가 오나니 곧 이때라 아버지께서는 이렇게 자기에게 예배하는 자들을 찾으시느니라. 하나님은 영이시니 예배하는 자가 신령과 진정으로 예배할지니라"(요 4:23~24). 아멘.